AF366321

LETTRE

DE MONSIEVR

BOCHART,

A MONSIEVR

MORLEY

CHAPELAIN DV ROY

D'ANGLETERRE,

Pour respondre à trois Questions.

I. *De l'Ordre Episcopal & Presbyterien.*
II. *Des Appellations des iugemens Ecclesiastiques.*
III. *Du Droict & de la puissance des Roys.*

A PARIS,

Chez LOVYS VENDOSME, ruë de la
Harpe, proche le Pont S. Michel,
au Sacrifice d'Abraham.

M. DC. L.

LETTRE
DE MONSIEVR
BOCHART,
A MONSIEVR
MORLEY
CHAPELAIN DV ROY
D'ANGLETERRE.

MONSIEVR,

Apres auoir leu les lettres qu'il vous à pleu me faire tenir par vne illuſtre Dame de voſtre nation, ie me ſuis trouué embarraſſé de diuerſes difficultés, dont ie ne ſçay comment me tirer. Ne pouuant demeurer ſans reſponce, apres auoir eſté conſulté par vn homme de voſtre merite, ſur des matieres de grande importance ; ni dire

A

mes fentimens , fans en offenfer plufieurs.
Qui eft pourtant vne crainte qui ne m'o-
bligera iamais à rien celer de la verité. Ie
vous auois demandé pourquoy ceux de
voftre païs qui tiennent le parti du Roy
eftans parmi nous s'abftiennent pour la
plus part de communier auec nos Eglifes.
Vous me refpondez que nous fommes
fufpects à plufieurs d'entre eux , comme
ayans les mefmes fentimens que les Pref-
byteriens d'Angleterre , qui tiennent,
dites vous , ces trois maximes. Premierement qu'il faut rejetter l'Epifcopat, comme vn joug tyrannique & antichreftien,
& fuiure au contraire l'ordre Presbyterien, comme eftabli par les loix de Dieu.
En fecond lieu, que les Pafteurs Presbyteriens qu'on appelle , ont vn pouuoir fou-
uerain fur tout ce qui regarde l'Eglife en
quelque façon que ce foit , & qu'il n'y a
point d'appel de ce qui a efté decidé par
leurs Synodes Nationaux. Bref , que les
fujets peuuent prendre les armes contre
leurs Rois pour les ranger à leur deuoir;
& en cas qu'ils n'obeiffent les defpoüiller
de leurs Royaumes, les mettre en prifon,
faire leur procés, & mefme leur ofter la
vie par la main du bourreau. Ce qu'ils ont

ratifié nagueres par le parricide de voftre bon Roy. A quoy fi nous confentons felon le foupçon que vous en aués, vous maintenés que les voftres ont eu grande raifon de fe feparer d'auec nous. Sinon vous voulés qu'en faifant voir ce qui en eft, ie deliure vos Eglifes d'erreur, & les noftres de fcandale. Et par là vous m'obligés à me rendre arbitre entre les Royaliftes & les Parlementaires, pour accorder des differens qui depuis quelques années vous ont tenu tous en exercice, & ont tout mis en defordre dans cefte belle Ifle, qui a autrefois tenu rang parmi les Ifles Fortunées. Et il faudra qu'en cottant leurs fautes i'encoure la haine des vns ou des autres ou de tous les deux partis. Cependant, pourueu qu'on ne trouue pas eftrange que ie traitte auec grande retenuë des matieres fi chatoüilleufes, & paffe en certains endroits comme fur la braife, ie tafcheray à refpondre à ces trois queftions, tant pour vous fatisfaire felon mon pouuoir, qu'afin que ie ne femble trahir par mon filence la caufe de nos Eglifes que vous rendés criminelles par vos iniuftes foupçons.

La queftion *de l'ordre Epifcopal & Pres-*

byterien, qu'il semble que vous mettiés
en teste comme la principale, est à mon
aduis de peu d'importance. Et me semble
que le different qui s'est meu sur ceste matiere s'accorderoit aisement, n'estoit l'a-
nimosité des parties, qui emporte tellement la plus part des habitans de vostre
Isle qu'ils en disputent de part & d'autre
auec vne chaleur incroyable, comme si
en cela consistoit le total de la religion.
Mais quant à nous, nous ne tenons pas
qu'il importe beaucoup si l'Eglise est gou-
uernée par des Euesques ou par des Pasteurs Presbyteriens, pourueu que ceux
qui la gouuernent s'acquitent bien &
deuëment de leurs charges. Il est vray
que s'il s'agit de l'antiquité, ie tien auec
sainct Hierosme, qu'au temps des Apostres il n'y auoit nulle difference entre les
Prestres & les Euesques, & que les Eglises se gouuernoyent par l'aduis commun
des Prestres ou simples Pasteurs. Si bien
que l'ordre Presbyterien est plus ancien
que l'Episcopal. Cependant ie demeure
d'accord que l'ordre Episcopal est de
grande antiquité, & qu'il a esté reçeu
auec beaucoup de fruit par toute l'Eglise
bien-tost apres les Apostres. Et ne croy

pas que la pratique des Apoſtres ait forcé
de Loy en choſes qui de leur nature ſont
indifferentes. I'eſtime donc que ceux qui
maintiennent ou que l'ordre Epiſcopal,
ou que l'ordre Presbyterien eſt de droit
Diuin s'abuſent eſgalement , & que la
paſſion de la diſpute les oblige à paſſer
meſure. Que ſi on demande lequel vaut
le mieux, & lequel eſt plus propre à l'E-
gliſe de ces deux ſortes de gouuernemens:
c'eſt comme qui demanderoit s'il vaut
mieux que les Eſtats ſe gouuernent par
les Rois, ou par les Grands, ou par ceux du
Peuple. Qui n'eſt pas vne queſtion qu'on
puiſſe decider en vn mot. Pource qu'il y a
des peuples à qui la Monarchie eſt plus
propre, & à d'autres l'Ariſtocratie , & à
d'autres la Democratie : Et qu'on ne garde pas par tout meſmes loix ne meſmes
couſtumes. Vous ſaués qu'apres les Tar-
quins le nom de Rois fut long temps
execrable au peuple de Rome. Et au con- *Iuſtin l. 38.*
traire ceux de Cappadoce refuſans la li- *Strabon. l.*
berté que les Romains leur offroyent, de- *12.*
clarerent qu'il leur eſtoit impoſſible de ſe
paſſer de Rois. Il en eſt de meſme en l'E-
gliſe. Car il y en a qui ſont ſi fort accou-
ſtumés à eſtre gouuernés par des Eueſ-

ques qu'ils croyent qu'il y a du crime à
n'en auoir point. Il y en a d'autres qui
font plus d'eſtat de l'ordre Presbyterien,
ou parce qu'ils y ſont nés, ou parce qu'ils
ont eſprouué que les Eueſques s'en font
trop accroire, & que leur preſeance a de-
generé en vn empire magiſtral & tyrannique. Il eſt donc beſoin d'vn ſupport mutuel. Et s'il y a quelque partie notable ou
de la nobleſſe ou du peuple qui demande
auec grande inſtance que l'ordre Epiſcopal ſoit reſtabli, ie ſerois d'aduis qu'on le
leur accordaſt : comme l'ordre Presbyterien à ceux qui ont en horreur les Eueſques, & que la choſe ſe decidaſt en chaſ-
que Prouince par les ſuffrages communs
tant du Peuple que des Paſteurs. Que s'il
eſt vray que les Eueſques ayent vſurpé
beaucoup de choſes qui n'ont point eſté
en vſage parmi les Anciens, dont ſoit ad-
uenu que ceſte puiſſance ſoit à bon droit
odieuſe & redoutable aux gens de bien,
pourquoy vn Synode ne pourroit-il retrancher tous ces excés, & les accommo-
der tellement à la forme de l'ancienne
Egliſe qu'il ne reſte point de ſujet de
plainte ? Vn homme ſauant a bien remarqué qu'il y a trois choſes en l'Epiſcopat

qu'il se faut garder de confondre. La
charge de Pasteurs que l'Escriture donne
aux Euesques: La preeminence par dessus
le commun des Pasteurs, que l'Eglise ancienne leur a octroyée: Et la domination
sur les heritages du Seigneur, que quelques vns se sont arrogée en la lie de ces
derniers siecles. D'où s'ensuit que le premier est de droit Diuin, le second de droit
Ecclesiastique, le troisiesme de nul droit,
& vne pure vsurpation. Et que l'Eglise ne
peut se passer du premier, & peut suppor-
ter le second ; mais que le troisiesme se
doit tout à fait abolir. Cependant à cause
de l'abus, il n'est pas necessaire d'en oster
l'vsage, tant qu'on ait tout à fait perdu
toute esperance d'amendement. Et faut
distinguer la chose mesme d'auec les vices qui l'ont corrompuë. Ce n'est pas
d'auiourd'huy qu'on a commencé à se
plaindre de l'orgueil & de la tyrannie des
Euesques. Il y a douze cents tant d'années que les Peres du Concile d'Ephese
ont eu crainte que *sous ombre d'vne fon-*
ction sacrée l'orgueil de l'authorité seculiere ne
se glissast dans la dignité Episcopale. Et Isi-
dore de Peluse escriuoit en ce mesme
temps en l'Epistre a Theodose, qui est

la 125. du second liure , que *l'Episcopat est
en certains lieux vne licence tyrannique , parce
que quelques vns l'ont changé en domination , ou mesmes en tyrannie , s'il en faut parler auec liberté.* Et long-temps deuant , Gre-
goire de Nazianze en l'oraison 21. qui est
à la loüange de sainct Athanase , se plaint
de ce qu'il y a des Prelats *qui apres auoir passé par tout auec violence , entreprennent à la
fin de tyranniser aussi la pieté.* Mais quoy
que ces plaintes soyent fort ordinaires
dans les escrits des anciens Docteurs, si
est ce qu'il ne s'est trouué aucun d'eux qui
ait eu dessein d'abolir l'Episcopat. Tant
s'en faut Aërius a esté tenu des vns pour
schismatique & des autres pour heretique
pour s'estre esleué auec trop de violence
contre vn ordre sacré de sa nature , &
auoir soustenu qu'il se faut separer de ceux
qui admettent la difference que la coustume de l'Eglise met entre le Prestre &
l'Euesque. Il faut donc prendre garde
qu'en fuyant vne extremité nous ne tom-
bions en vne autre ; Et que la trop grande
rigueur & l'excés de haine contre les
Euesques ne nous emporte iusqu'à tel
point que de nous obliger à faire le proces
à l'Eglise ancienne , & à nous exclurre de

sa Communion. Desquelles extremitez les Eglises de France ont toufiours esté es-loignées, comme il paroit par les Liures faits par nos Pasteurs, & par la pratique perpetuelle de nos Eglises. Car ceux des nostres qui alloient en Angleterre, apres auoir appris vostre langue, ne faisoiét nulle difficulté d'assister au seruice receu parmy vous, ni de receuoir la Communion de la main des Pasteurs de l'Ordre Episcopal, ou des Euesques mesmes s'il estoit besoin. Ce qui m'est arriué souuent à moy-mesmes à Londres, à Oxford, & ailleurs. Ce n'est pas tant là mon sentiment touchant les Euesques que l'aduis commun de quasi tous les Pasteurs de France. Et si vous desirez sçauoir sur quelles raisons il est appuyé ; Voyez l'Apologie pour S. Hierosme de Monsieur Blondel, qui est vn Pasteur plein de pieté, & d'vn sçauoir incroyable en ces matieres.

La seconde question que vous proposez, c'est touchant le pouuoir des Pasteurs Presbyteriens, que ceux de vostre pays, comme vous dites, s'attribuent si grand, non seulement pour les choses qui sont purement Ecclesiastiques, mais aussi pour celles qui n'appartiennent à l'Eglise qu'in-

directement , que quand ils ont arresté
quelque chofe en leurs Synodes Nation-
naux, ils nient qu'on en puiffe appeller,
à fçauoir , deuant les Magiftrats fideles.
Car ie croy que c'eft ce que vous enten-
dez. Mais il n'eft pas aifé de dire comment
nos Eglifes decident cette queftion, qui a
donné encore bien de l'exercice tant aux
Hollandois qu'aux Anglois. Car c'eft vne
queftion qui ne fe traitte point parmy
nous , qui ne fommes pas fi heureux que
d'auoir vn Magiftrat qui foit de mefme
creance que nous.   Et és lieux où elle fe
traitte , on ne la reftraint point à ceux qui
font de l'ordre Presbyterien. Mais on demande en general , en quoy confifte la
puiffance Ecclefiaftique proprement ainfi
appellée. Et fi des fentences données par
des Iuges Ecclefiaftiques, quels qu'ils puif-
fent eftre , pourueu qu'ils ayent vocation
legitime de gouuerner l'Eglife de Dieu,
on peut appeller au Magiftrat Politique,
comme à vn Iuge Superieur. Et c'eft de
quoy les Hollandois, ne font pas bien d'accord entr'eux-mefmes.   Le Sieur Maco-
uius, celebre Profeffeur en Theologie en
l'Vniuerfité de Franequer , a fait des Liures exprés pour prouuer que ceux qui fe

sentent lesez par les SentencesEcclesiasti-
ques peuuent se pouruoir par deuant le
Magistrat. Les autres sont d'autre sentiment. Pour moy, ie ne pense pas qu'on
puisse respondre à cette question sans faire plusieurs distinctions qui ne se peuuent
resserrer en peu de paroles. Car des choses qui dependent du iugement de l'Eglise,
les vnes sont purement Ecclesiastiques, les
autres sont en partie Politiques. Et des premieres, les vnes regardent l'interieur de la
conscience , les autres l'exterieur de l'E-
glise. Et és iugemens qui ne touchent que
l'homme interieur, vn IugeEcclesiastique
peut passer mesure, & obliger le coupable à tenir prison, ou à d'autres peines cor-
porelles qui ne sont point du pouuoir de
l'Eglise. De là naissent des iustes raisons,
ou de decliner tout à fait le iugement des
Ecclesiastiques, ou d'en appeller par deuant vn Iuge Ciuil. Car si vn Iuge Ecclesiastique passe les bornes de son pouuoir,
ou s'il a iugé d'vne chose qui est en partie
politique , ou qui ne regarde que le gouuernement exterieur de l'Eglise, ie ne voy
pas de raison qui empesche qu'on ne se
pouruoye par deuant le Magistrat. Mais
pour le reste , il faut prendre garde que

les clefs du Royaume des Cieux, & la
puiſſance de lier, & de deſlier que Ieſus-Chriſt a donnée à l'Egliſe, ne ſe bail-
le à ceux qui ne ſont point du tout propres
à ces charges, ou qui n'y ſont pas appellez.
Non, que i'oſte au Magiſtrat toute ſorte
de puiſſance Eccleſiaſtique. Mais il y en a
de deux ſortes, l'vne qu'on appelle objectiue, & l'autre formellement Eccleſiaſtique. On appelle la premiere objectiue,
parce qu'elle a pour objet les choſes, &
les perſonnes Eccleſiaſtiques. Cette ſorte
de puiſſance appartient au Magiſtrat, &
ſur tout au Magiſtrat fidele, qui a vne Iu-
riſdiction Ciuile ſur les Egliſes de ſon de-
ſtroit, & les protege de tout ſon pouuoir,
& cherit ceux d'entre les Paſteurs qui s'ac-
quittent dignement de leurs charges, &
réueille ceux qui ſont laſches, & reprime
les rebelles par peines ciuiles. Meſme il a
ſoin de tout ce qui regarde l'ordre exterieur de l'Egliſe, comme de conuoquer
des Synodes, de dreſſer des Eſcoles de
pieté, de pouruoir à l'entretien des Paſteurs, & de faire des Loix qui empeſchent
les eſprits brouillons d'émouuoir du trouble en l Egliſe. Bref, comme reconnoiſ-
ſant que Dieu l'a eſtably gardien de l'vne

& l'autre Table de la Loy, il trauaille de
toutes ſes forces, à faire que les peuples
qui luy ſont commis, ſanctifient le Nom
de Dieu, & que le regne de Chriſt s'ad-
uance, & que l'Euangile ſoit preſché par
tout, afin que chacun ſerue Dieu auec pu-
reté, & meine vne vie conforme à la regle
de ſa parole. Il y a vne autre puiſſance
qu'on appelle Eccleſiaſtique, non ſeulement à raiſon de ſon object, & parce qu'elle s'eſtend ſur les choſes qui concernent
l'Egliſe; Mais auſſi eu eſgard à ſon exercice, c'eſt à dire, àce qu'elle s'exerce d'v-
ne façon Eccleſiaſtique, & non d'vne façon politique. Et cette puiſſance eſt par-
ticuliere aux perſonnes Eccleſiaſtiques,
qui ont charge de preſcher les doctrines
de la Foy Chreſtienne, de decider les
Controuerſes par la Parole de Dieu, d'ad-
miniſtrer les Sacremens, d'eſtablir les Paſteurs ou les dépoſer, d'exercer ſur leurs
troupeaux la diſcipline Eccleſiaſtique, de
regler les ceremonies ſacrées, & de donner des Loix ſpirituelles conformes à la
Loy de Dieu, afin que tout ſe faſſe en l'E-
gliſe *honneſtement, & par ordre.* Or y a-il ᴵ.*Cor.*14 40
grande difference entre ces deux ſortes
de puiſſance. Car la puiſſance du Magi-

ſtrat ſur l'Egliſe dépend de l'empire vniuerſel que Dieu a ſur tout le monde. Mais
la puiſſance qu'on appelle formellement
Eccleſiaſtique n'eſt pas vn regne du monde. Elle dépend du regne de Ieſus-Chriſt,
entant qu'il eſt noſtre Mediateur. La premiere eſt abſoluë, armée de glaiue, &
d'vne authorité ſouueraine, & execute
ſes iugemens par force ouuerte, & par
voye de fait. L'autre eſt toute miniſteriel-
le, & n'agit que par commiſſion, & ne ſe
ſert contre les pecheurs que de peines ſpirituelles preſcrites par la Parole de Dieu,
c'eſt à dire, de cenſures, ſuſpenſions, &
excommunications, qui ne ſont pas tant
punitions que corrections fraternelles. Le
Magiſtrat a eſgard à l'ordre exterieur de
l'Egliſe, le Paſteur aux choſes du dedans,
& à ce qui regarde l'homme exterieur.
C'eſt ce que diſoit l'Empereur Conſtan-
tin, aux Eueſques de ſon temps : *Dieu vous*
a eſtablis Eueſques ſur ſon Egliſe, pour regler
ce qui eſt au dedans, & moy pour regler ce qui
eſt au dehors.   Puis donc que ces deux puiſſances, ou ſe propoſent diuers objets, ou
lors qu'elles ont meſmes objets, les con-
ſiderent ſi diuerſement : tant qu'elles ſe
tiennent reſſerrées dans les barrieres qui

leur font preſcrites, elles ne s'entre-cho-
quent pas dauantage en l'exercice de leurs
fonctions, que deux Planetes qui ont diuers cieux, & qui roulent par diuers chemins. Tant s'en faut, elles font l'vne à
l'autre en aide, & ſupport mutuel. Mais ſi
la puiſſance Eccleſiaſtique s'émancipe au
de là de ſes bornes, ou pour ſe rendre tyrannique, ou pour entreprendre de iuger
de choſes qui ne ſont pas de ſa competen-
ce : c'eſt le deuoir du Magiſtrat de la reſ-
ſerrer dedans ſes limites, & de l'empeſcher
de s'extrauaguer. Ce qui a donné lieu en
France aux appellations comme d'abus,
par leſquelles on ſe pouruoit par deuant
les Parlemens, lors que les Eccleſiaſtiques
penſent abuſer de leur pouuoir, ou ietter
leur faucille en la moiſſon d'autruy.

Encore que les reglemens de noſtre
Diſcipline, & de nos Synodes nationaux
ne touchent qu'en paſſant ces matieres, il
y a pourtant certaines choſes que ie me
ſens obligé de vous dire, pour vous faire
comprendre quelle eſt là-deſſus la creance de nos Egliſes. I. Et premierement,
ils diſtinguent ces deux puiſſances, & les
comparent tellement enſemble qu'ils
monſtrent qu'il n'y a rien qui les rende in-

compatibles ; à cela sert cét Article du Synode de Montauban, qui est le 54. des faits
generaux : *Sur la proposition,* &c. *si les pecheurs ayans commis quelque crime dont ils ont
esté punis par Sentence du Magistrat iusqu'à
note d'infamie, doiuent estre censurez par l'E-
glise, iusqu'à faire reconnoissance publique de
leur faute, a esté aduisé qu'oüy ; attendu que ce
sont choses distinctes, que la Iurisdiction du Magistrat, qui est ciuile, & la connoissance Ecclesiastique des Consistoires: Celle-cy, se rappor-
tant à la conscience, & à l'interieur de l'ame,
& celle-là au corps, & aux choses exterieures
seulement.*   Et cettui-cy du Synode de Pri-
uas, qui est le 5. des faits generaux : *Sur la
proposition,* &c. *comment on se gouuernera à
l'endroit de ceux qui sont tombez en des crimes
irremissibles, selon les Loix ciuiles, & neantmoins requierent auec tesmoignages de repentance d'estre consolez par la participation aux
Sacremens ; La Compagnie iuge que le pecheur
satisfaisant à l'Eglise, doit estre receu à la Table du Seigneur, quoy qu'il ne puisse esperer de
la part de son Prince, remission de son crime,
l'vne des Iurisdictions ne choquant pas l'autre.*
II. En second lieu ils nous aprennent qu'il
y a des causes mixtes qui appartiennent à
l'vne & à l'autre iurisdiction. Le Synode
de

de Lyon art. 28. des faits particuliers : *En
ce qui appartient à la Police Ciuile, le Magistrat peut faire ordonnance, & les Ministres
sont tenus d'y obeïr : Mais en ce qui appartient
au fait de l'Eglise, les Ministres & Synodes
dresseront les reglemens de leurs Eglises. Et
s'il se trouue quelque cause commune, comme
pour exemple quand il seroit question quel nombre de Pasteurs on retiendroit en vne Eglise,
ils communiqueront ensemble pour en ordonner
par vn commun aduis.* III. Ces mesmes
reglemens assignent au Magistrat le gouuernement exterieur de l'Eglise. C'est ce
que porte la Discipline de nos Eglises
Chap. 1. art. 44. *L'Office des Ministres est
de regler & eux & leurs troupeaux, grands
& petits, de quelque qualité ou condition qu'ils
soyent, par la Parole de Dieu & la discipline
Ecclesiastique. Mais il appartient aussi au Magistrat de veiller sur tous Estats, mesmes sur les
Ministres, & prendre garde s'ils cheminent
droit en leur vocation. Et pourtant s'ils defail-
lent, le Magistrat les fera admonester de leur
deuoir par la Discipline Ecclesiastique au Con-
sistoire, Colloque ou Synode, sinon que les fautes fussent punissables par les loix.* IV. De
plus, ils defendent bien expressement aux
Synodes & à toutes Assemblées Ecclesia-

B

ſtiques de ſortir hors des bornes de leur
vocation, pour entreprendre de regler
les choſes qui dependent du Magiſtrat
Politique. Le Synode d'Alés art. 23. des
faits particuliers : *Ils ne traitteront eſtans aſ-*
ſemblés en Synode que les affaires purement Ec-
cleſiaſtiques. La Diſcipline Chap. 5. art. 12.
En l'exercice de la Diſcipline Eccleſiaſtique, on
s'abſtiendra deſormais tant que faire ſe pourra,
tant des formalités que des termes deſquels on
vſe ordinairement és Iuriſdictions ciuiles. Et
art. 13. *Les fideles pourront eſtre exhortés par*
les Conſiſtoires, & ſommés au nom de Dieu de
dire verité, dautant que cela ne deroge en rien
à l'authorité du Magiſtrat. Mais on n'y vſera
point des formalités & ſolemnités accouſtu-
mées en la preſtation de ſerment deferé par le
Magiſtrat. Et art. 14. *Aux differens qui*
ſuruiendront, les parties ſeront bien exhortées
par le Conſiſtoire de ſe mettre d'accord par tou-
tes ſortes de voyes amiables. Mais les corps des
Conſiſtoires ne delegueront arbitres, & ne ſe
porteront pour arbitres. Que ſi aucuns dudit
Conſiſtoire ſont appellés pour arbitres, ce ſera
comme particuliers, & en leur nom priué ſeu-
lement. Et le Synode de Lyon aux faits particuliers art. 2. *Ils ſeront aduertis de ne point*
appeller les plaideurs au Conſiſtoire, ſinon ceux

qui a cause de leurs procés commettent quelque
autre faute scandaleuse. V. Et mesme és
choses qui dependent du iugement de l'E-
glise, si neantmoins ce sont causes mixtes, ils nous renuoyent au Magistrat auec
ordre de nous tenir à ce qu'il en decidera.
Comme si quelcun demande [a] d'estre
marié malgré son pere, qui ne s'oppose à
son mariage qu'en haine de la religion.
[b] Si vn homme apres ses fiançailles est
condamné aux galeres, & en estant es-
chapé demande qu'on le marie auec sa
fiancée. [c] Si de deux personnes fiancées
dont l'vne abandonne l'autre ; la partie
abandonnée demande d'estre remise en
liberté, pour penser à se pouruoir ailleurs.
[d] Si vne femme, apres que son mari a esté
absent plusieurs années, demande à se re-
marier. [e] Si quelcun recherche vne femme qu'vn Prestre ou Moine cõuerti auoit
espousée, & puis delaissée, pour retour-
ner à son premier vœu. VI. Ces mesmes
reglemens nous obligent a nous abstenir
de beaucoup de choses licites, & à nous
assuiettir à beaucoup d'autres qui sont
onereuses pour obeïr à nos Magistrats.
Ainsi Iesus-Christ nous apprend Matth.
19. 9. que le lien du mariage est dissous

[a] *Discipl. c.* 13 *art.* 1. *Et* 1. *Synode de Clear. art.* 1. *sur la Discipl.*

[b] *Syn. de S. Foy art.* 18. *des f. g.*

[c] *Syn. de Vitré f. g. art.* 9

[d] *Discipl. c.* 13. *art.* 31

[e] *Discipl. c.* 13. *art.* 31. *& Syn. de Figeac, art.* 12.

par l'adultere d'vne des parties. [f] Cependant la discipline defend à ceux qui en sont ainsi liberés, de penser à nouueau mariage, parce que les loix du Royaume ne le permettent pas. L'Escriture ne defend pas le mariage entre les parens & alliés au dela du second degré. Cependant pource que les loix du Royaume les defendent iusqu'au troisiesme & quatriesme, nos articles [g] ne les permettent qu'à ceux qui ont des lettres du Roy. Et au lieu que les fiançailles se faisoyent autresfois parmi nous par paroles de present, ils nous ordonnent de les faire par paroles de futur, [h] *pour se conformer à la coustume & aux ordonnances de ce Royaume.* Et quoy que la Parole de Dieu nous permette de trauailler aux festes qui ne sont que d'institution humaine, nos reglemens [i] nous le defendent de peur que nous ne soyons en scandale. Ils nous enioignent mesme de payer les dismes [k] aux Prestres Romains, & de faire escrire les noms [l] de nos enfans dans leurs registres, & de comparoistre deuant les Officiaux [m] des Euesques, si le Magistrat nous y oblige. Et ce qui est de plus estrange, est qu'il y a certaines choses que nostre Discipline defend comme

f *Discipl. c. 13. art. 23. 1. Syn. de Paris art. 22. Syn. d'Alençon resp au Commiss. not. 7.*

g *Disc. c. 13. art. 6. & 7.*

h *Synod. de Gap. sur la discipl. obseru. 9.*

i *Discipl. Chap. 14. art. 21.*

k *Ibid Chap. 14. art. 20. l Synod. de Paris Art. 11. f. partic. m Discipl. Chap. 14. art. 8.*

contraires à la bienfeance, comme d'ef-
pouſer la veſue [a] du frere de ſa femme de-
funte, ou la mere [b] de ſa fiancée, ou celle
auec qui on a commis [c] adultere, & de re-
marier vne veſue [d] auant le ſept ou hui-
ctieſme mois apres le decés de feu ſon mari : & toutesfois la meſme Diſcipline declare que tout cela eſt permis lors que l'ordonnance du Magiſtrat y entreuient.
Ainſi voyés vous iuſques où nous nous
relaſchons en conſideration de nos Magiſtrats, quoy que de diuerſe religion.

Ce n'eſt pas que nous apportions par
tout la meſme facilité. Car s'ils nous pen-
ſoyent obliger à choſes que nous croi-
rions contraires à la Parole de Dieu, nous
repartirions comme les Apoſtres : [f] *Il
vaut mieux obeïr à Dieu qu'aux hommes.* C'eſt
pourquoy noſtre Diſcipline parle ainſi du
mariage auec la tante de ſa femme.
[g] *Quand bien le Magiſtrat permettroit vn tel
mariage, il ne ſera point benit de l'Egliſe : A
quoy les Paſteurs prendront bien garde.* Et
pour reſponſe à l'inionction faite par le
Commiſſaire du Roy au Synode d'Alençon, de changer l'article [h] qui declare nul
le Bapteſme adminiſtré par vn homme
ſans vocation : Nos deputés [i] ſupplierent

[a] *Diſcip.
Chap.* 13.
art. 11. *&* 3.
*Syn. de
Char. art.* 4.
ſur la Diſcip.
[b] *Diſcipl.
Chap.* 13. *art.*
10. *&* 3.
*Syn. de Cha-
rent. art.* 3.
[c] *Diſc. pl.
Chap.* 13. *art.*
13. *&* 2. *Syn.
de Char. ſur
la Diſcipl.
art.* 13.
[d] *Diſcipl. c.*
13. *art.* 22.
*& 2. Syn. de
Char. Obſeru.*
15. *ſur la
Diſcip.*
[f] *Act.* 5. 29.

[g] *chap.* 13.
art. 11.

[h] *Diſcipl.
Chap.* 11. *art.*
1.
[i] *in reſp. art.*
10.

fa Maiefté de laiffer à nos Eglifes la liberté de l'exercice de leur Difcipline fur ce
point, Et les [a] 2. & 3. [b] Synodes de Cha-
renton procedent iufqu'à excommunica-
tion contre ceux qui pour obeïr aux ordonnances du Magiftrat tendent deuant
leurs maifons le iour de la fefte qu'on appelle du Sacrement. Tel eft ce que nos
reglemens [c] defendent de defcouurir au
Magiftrat les confeffions des pechés qui
fe font faites en nos Confiftoires, finon en
cas de crime de leze Majefté : Et cenfu-
rent griefuement ceux des noftres qui
font affigner pour femblables fujets les
Pafteurs & Anciens de l'Eglife. Auffi ne
deferent ils point aux appellations de ceux
qui appellés au Confiftoire, ou retranchés
de la Communion pour quelque fcandale,
fe pouruoyent par deuant les Iuges , ne
croyans pas que le Magiftrat, & fur tout
s'il eft d'autre religion , foit iuge compe-
tent des chofes qui regardent noftre Difcipline. Sur cela font expres les reglemens
des Synodes de la [d] Rochelle , [e] Alés &
[f] Vitré.

    Ie vien à voftre troifiefme queftion:
Encore que i'aye grand defplaifir de voir
que dans vn Royaume où la plus part font

[a] *f. g. art.* 1.
[b] *f. g. art.*
11.

[c] *Difcipl.*
Chap. 5. *art.*
28. *& 29.*

[d] *f. g. art.* 6.
[e] *f. g. art.*
22,
[f] *f. g. art.* 9.
& 10.

profeſſion de noſtre creance, on debatte du droit des Roys : Lequel iuſques icy nos Docteurs ont defendu ſi fortement icy & par tout, contre les ennemis de la Monarchie, que nos aduerſaires nous accuſent de paſſer meſure. Ainſi Bellarmin eſt en doute *leſquels font plus de tort aux Rois, ou les Anabaptiſtes en les attaquant, & leur deniant ce qui leur eſt deu, ou les Lutheriens en les flattant, & leur en faiſant trop accroïre.* Et voſtre Stapleton, qui a autresfois enſeigné la Theologie à Louuain auec grãde reputation, leur impute *de donner à Ceſar, c'eſt à dire aux Rois & Magiſtrats, non ſeulement ce qui leur appartient ; mais auſſi ce qui appartient à Dieu.* Car ils trouuent mauuais que nous maintenions que les Rois ont meſme droit de commander à ceux du Clergé qu'au reſte du peuple : Et qu'à eux appartient le gouuernement extérieur de l'Egliſe de Dieu : Et que les Rois ſont abſolus, & ne dependent que de Dieu ſeul : Et qu'il n'eſt iamais permis d'attenter ſur leur vie ſous quelque pretexte que ce ſoit. La verité de laquelle doctrine ayant touſjours eſté ſouſtenuë par tous nos Theologiens, perſonne ne l'a mieux defenduë que ceux de voſtre nation, qui ont mis

Præfat. in lib de Cleric.

Dominicâ 22 in Pente.

au iour ſur ceſte matiere quantité d'eſcrits tres ſolides, qui dureront à iamais à la loüange de leurs autheurs. De ſorte qu'on leur peut appliquer ce que l'Apoſtre dit aux Galates. *Vous couriés bien; Qui eſt-ce qui vous à dóné deſtourbier? Qui eſt ce qui vous à enſorcelés, pour faire que vous n'obeïſſiez point à la verité?* Sur tout en vne choſe claire, & qu'il eſt aisé de prouuer & par loix expreſ-ſes, & par raiſons neceſſaires, & par quan-tité d'exemples tirés de la Parole de Dieu? Ce qui paroiſtra par cét eſchantillon; en-core que l'abondance & la dignité de la matiere requiſt vn plus long traitté.

Et voici de toutes les loix la premiere & la plus ancienne, qui a meſme eſté dón-née deuant la Loy de Moyſe: *Ne touchés point à mes Oints.* Et de ceſte Loy ſe ſer-uent ainſi contre les parricides des Rois les Peres du Concile I V. de Tolede au Chap. LXXIV. *Encore que Dieu ait dit, ne touchés point à mes Oints, & Dauid; qui eſt-ce qui eſtendra ſa main ſur l'Oint du Seigneur & ſera innocent; Ils ne craignent point de ſe parjurer, ni de mettre à mort leurs Roys.* On re-part qu'en ces paroles il ne s'agit pas de de-fendre le droit des Rois contre le peuple mais pluſtoſt de deffendre le peuple ou l E-

glife côtre la violēce des Rois & des Princes. Car quand Dieu dit par son Prophete,
Ne touchez point à mes Oincts, il parle aux
Rois d'Egypte, & des Philiftins, & à Labā
Prince de Charan, & leur defend de rien
attenter sur Abraham, Isaac & Iacob,tes-
moin les paroles qui precedent, Pf.105.14.
*Il n'a pas souffert qu'on les outrageast , & a
chastié les Rois pour l'amour d'eux.* Mais tout
cela posé, la raisó qui se tire de ces paroles
ne laisse pas de subsister. Car du moins on
en recueille qu'il n'est pas permis de toucher à ceux qui ont cela de cómun auec ces
premiers Patriarches que Dieu les appelle
ses Oincts , qui est vn hóneur qu'il ne fait
qu'à son Fils, & aux Rois temporels. Car
s'il estoit defendu de toucher aux Patriarches , parce qu'ils ont esté nommez, &
estoient en effect les Oincts du Seigneur ;
Pourquoy ne conclurrions nous le mesme
des Rois , que Dieu honore de ce mesme
titre en plus de trente endroits de sa Parole? Et semble mesme que les Patriarches
n'ont esté nómez les Oincts du Seigneur,
que parce qu'ils estoient Rois en quelque
sorte, ou du moins tenoient lieu de Rois.
C'est ce que remarque Kimchi Docteur
Ebreu, sur ce passage. *Ils estoient ,* dit-

il , *honorez des Rois voisins , comme s'ils euſſent receu eux-meſmes l'Onction Roya-le.* De là vient que les Hethiens , nomment Abraham, *Naſi Clohim* , c'eſt à dire, *Prince de Dieu* , ou comme les Grecs l'ont traduit , *Roy de par Dieu.* Car , *Naſi* , ſignifie Roy en certains lieux de l'Eſcriture. Comme au chap. 34. d'Ezechiel , v. 24. & 25. où Dauid eſt tantoſt nommé Roy , & tantoſt eſt nommé , *Naſi* , Prince , & l'vn & l'autre en meſme ſens. Il paroiſt auſſi que ces Patriarches eſtoient Souuerains par les guerres qu'ils ont entrepriſes , & par les alliances qu'ils ont traittées auec les Rois , & Princes voiſins. Et paroiſt meſme que leur puiſſance eſtoit eſgale à celle des Rois, Gen. 26.16. & 36.7. De là vient que les Payens les tenoient pour Rois. Et que Iuſtin dit apres Trogus, au Liure 36. qu'*A-braham , Iſraël , & Moyſe , ont eſté Rois.* Mais c'eſt pour neant , que nous diſputons du ſens de cette Loy de Dieu, veu que Dauid la rapporte aux Rois , lors qu'il parle ainſi de Saül , 1. Sam. 24. 7. *Ia ne m'aduienne de par l'Eternel, que ie commette vn tel acte contre mon Seigneur , l'Oinct de l'Eternel, mettant ma main ſur luy , car il eſt l'Oinct de l'Eternel.* Et 26. 9. *Ne le mets point à mort,*

Car qui mettra sa main sur l'Oinct de l'Eternel, & demeurera innocent ? Et v.10. L'Eternel est viuant, si ce n'est l'Eternel qui le frappe, ou que son iour vienne, & qu'il meure, ou qu'il descende en bataille, & qu'il y demeure, ia ne m'aduienne de par l'Eternel, de mettre ma main sur l'Oinct de l'Eternel. Et 2. Sam. 1. 14. *Comment n'as-tu point craint d'estendre ta main pour défaire l'Oinct de l'Eternel.* Et v. 16. *Ton sang soit sur ta teste ; Car ta bouche a tesmoigné contre toy,* disant, *i'ay fait mourir l'Oinct de l'Eternel.* Pouuoit-il rien dire de plus exprés, pour rapporter aux Rois cette Loy, *Ne touchez point à mes Oincts ?* Mais i'en parleray encore en la suitte.

La seconde Loy est en l'Exode chap. 2 2. v. 28. *Tu ne mesdiras point des Iuges, & ne maudiras point le Prince de ton peuple.* Et que cette Loy se rapporte plus particulierement aux Roys, nous l'apprenons de ces mots d'Abisçay, 2. Sam. 19. 21. *Ne fera-on point mourir Simei, veu qu'il a maudit l'Oinct de l'Eternel ?* Et de ceux-cy d'Elihu, Iob. 34. 18. *Dira-on à vn Roy meschant garnement, & meschant aux principaux du peuple ?* Et de ceux-cy de Salomon Ecclef. 10. 20. *Ne dis point mal du Roy, non pas mesme en ta pensée : Ne dy point aussi mal du riche en*

la chambre de ta couche. Car les oyſeaux des
Cieux en porteroient la voix, & ce qui vole en
porteroit les nouuelles. Ou par les oyſeaux
des Cieux, & par ce qui vole, les Ebreux
ſouuent ridicules, entendent, ou les ames
qui volent aux Cieux au ſortir du corps,
ou les Anges qui les accompagnent, ou
l'Ange Raziel qui publie, diſent-ils, ſur le
mont Oreb, ce qui ſe paſſe par tout l'Vni-
uers, ou le Prophete Elie qui vole par tout
cóme vn Aigle, & deſcouure les choſes les
plus ſecrettes. Mais le vray ſens de Salomon eſt, qu'il ſe faut garder de médire des
Roys, meſme en ſecret, parce qu'ils ont
par tout des eſcoutes qui leur rapportent
ce qui ſe dit, & ce qui ſe paſſe. D'où vient
que les Fables attribuent au Roy Midas de
grandes oreilles. Cependant afin qu'on
ne croye qu'il ne defende de meſdire des
Roys que parce qu'il y a du danger, il regle meſme nos penſées qu'il n'y a que
Dieu qui connoiſſe. *Ne dy point,* dit il, *mal
du Roy, non pas meſme en ta penſée.* Que s'il
n'eſt pas permis d'en meſdire meſme en ſa
penſée, combien moins de l'attaquer de
paroles, ou d'attenter ſur luy par actions?

La troiſieſme Loy eſt au ſecond Pſeaume, qui ſe rapporte, & à Dauid, & à Ieſus-

Chrift, à diuers efgards, à l'vn comme type, & à l'autre comme à celuy qui eft figni-
fié par ce type. Car plufieurs de ceux d'Ifraël, & quafi tous les peuples voifins, les
Philiftins, les Iebufiens, les Syriens, les
Moabites, les Ammonites, les Amaleki-
tes s'eftoient éleuez contre Dauid, l'Oinét
de l'Eternel, au commencement de fon
regne. Et Dauid les ayant battus en la
vertu de Dieu, & pour la plufpart fubju-
guez; ces peuples irritez rongeoient leur
frein, & tafchoient à fecoüer ce joug. *Rom-*
pons, difoient-ils, *leurs liens, & iettons ar-*
riere de nous leurs cheueftres. Mais icy Dieu
leur apprend que tous leurs efforts font
inutiles, parce que ceux qui fe foufleuent
contre Dauid efleu de Dieu, ne font pas la
guerre à Dauid, mais à Dieu mefme,
qui l'ayant efleu le maintiendra par fa
puiffance, & le garantira de tous leurs af-
fauts. Il denonce donc de la part de Dieu
à tous ces Rebelles, qu'ils baifent le Fils;
c'eft à dire, qu'ils fe foufmettent volon-
tairement à celuy à qui Dieu tenoit lieu de
Pere, Pf. 89. 27. Car le baifer eftoit lors
vne marque d'honneur, & de fubjettion,
Gen. 41. 40. & Sam. 10. 1. Autrement, il
les menaffe tous de les froiffer d'vn Sce-

ptre de fer, & les mettre en pieces comme
le vaisseau d'vn potier, & qu'ils periront
en leur train, quand le courroux de Dieu
s'embralera contre-eux. Or en la personne de Dauid, Dieu commande d'obeyr à
tous les Rois legitimes, parce que la raison y est pareille.

La quatriesme Loy est aux Prouerbes
chap. 24. vers. 21. *Mon enfant, crain Dieu,
& le Roy, & ne t'entremesle point auec gens remuans.* Ou pour approcher plus pres de
l'original, *ne t'entremesle point auec ceux qui
changent*; à sçauoir, les Loix, & l'Estat du
Royaume, comme l'entendent quelques
Interpretes : Ou ce qui reuient à mesme
sens, auec les rebelles & refractaires, qui
changent les Loix de Dieu, & du Roy,
c'est à dire, qui les transgressent. Car en
Esdras chap. 6. v. 11. & 12. changer vne
Loy, c'est la transgresser.

Ie puis compter pour cinquiesme Loy
ce que le Roy est nommé, *Alkum,* Prou. 30.
31. car ce nom d'*Alkum*, signifie que personne ne luy resiste, ou qu'on ne luy doit
point resister, & que si quelqu'vn se souleue contre son Roy, c'est contre tout
droit & raison.

Voicy la sixiéme Loy, Ecclef. 8. *Prend*

garde à la bouche du Roy, c'est à dire, au commandement qui sort de sa bouche. *Et à la
parole du iurement de Dieu* , c. d. au serment que tu as fait à Dieu de luy garder fidelité. *Ne te haste point de te retirer de deuant
sa face*, c. d. de te départir de son obeys-
sance ; ou si tu l'as fait , *ne persiste point en
chose mauuaise* , en ta rebellion contre le
Roy, qui enfin te reüssiroit mal. *Car il fera
tout ce qui luy plaira* , il sera en son pouuoir
de te punir à sa volonté. *Et en quelque lieu
qu'est la parole du Roy* , *là est la puissance*, ou
l'authorité Souueraine , & qui ne dépend
que de Dieu seul. *Et qui luy dira* , *que fais-tu?*
Qui est-ce qui le peut obliger à rendre
compte de ses actions ? En quoy les Rois
sont esleuez au dessus du cómun des hommes , pour tenir en terre la place de Dieu.
Car il est dit de mesme de Dieu , Iob 9. 12.
S'il rauit , *qui luy fera rendre? Qui est-ce qui
luy dira* , *que fais-tu?* Et Es. 45. 9. *L'argille
dira-elle à celuy qui l'a formée* , *que fais-tu?*
Et Dan. 4. 5. *Il n'y a personne qui arreste sa
main* , *& qui luy die* , *que fais-tu?* Car , *comme il n'y a point de moyen de sonder les Cieux
pour leur hauteur* , *ni la terre pour sa profon-
deur* , *ainsi en est il du cœur des Roys* , Prou.
25. 3. Et n'est pas permis aux subjets de

penetrer dedans leurs Conseils, & d'en
faire des iugemens temeraires, & beaucoup moins de les adjourner, & faire en-
queste de leur vie , & donner contr'eux
des Arrests de mort.

Reste encore vne Loy bien expresse,
Ierem. 27. 12. *Sousmettez vos cols sous le*
joug du Roy de Babylon, & vous asseruissez à
luy, & à son peuple, & vous viurez. Et 29. 7.
Cherchez la paix de la Ville en laquelle ie vous
ay fait transporter, & requerez l'Eternel pour
elle ; Car en la paix d'icelle vous aurez paix.
Que s'il est commandé aux Iuifs d'obeyr
au Roy de Babylon , qui n'estoit qu'vn
vsurpateur , & de faire priere pour luy ;
Combien sommes-nous plus obligez à
ceux qui viennent au Royaume par vne
succession legitime ?

Sur cela il se faut garder d'écouter certains Fanatiques , qui pour auoir quelque
pretexte de secoüer le joug des Magistrats , alleguent que nostre Seigneur Iesus-Christ nous a deliurez de seruitude,
& que sa mort nous acquiert la liberté des
enfans de Dieu. Car Iesus-Christ n'est pas
venu pour aneantir la Loy, mais pour l'ac-
complir, Matth. 5. 17. Il a deliuré les fideles du joug des ceremonies legales, de la
tyrannie

tyrannie du peché, de la condamnation
de la Loy, & de la mort, & malediction
eternelle. Mais on ne trouue nulle part
qu'il les ait affrachis du joug des Rois. Tãt
s'en faut, il a esté écrit auec la Sainte Vier-
ge sa mere, sur le roolle de Cesar Auguste, Luc 2. 5. Il a commandé de rendre à
Cesar les choses qui sont à Cesar, Matth.
22. 27. Et encore que Pilate abusast de sa
puissance, il a reconnu qu'elle estoit d'en-
haut, Iean 19. 11.

Ainsi l'Apostre S. Pierre suiuant les
traces de son Maistre, 1. Pier. 2. 13. *Ren-*
dez-vous, dit-il, *subiets à tout ordre humain*
pour l'amour de Dieu, soit au Roy comme à ce-
luy qui est par dessus les autres, soit aux Gou-
uerneurs comme à ceux qui sont enuoyez de par
luy, pour exercer vangeance sur les malfai-
cteurs, & à la loüange de ceux qui font bien.
Sur quoy faut remarquer ces mots, *rendez-*
vous subiets pour l'amour de Dieu, contre certaines gens qui rapportent cette exhortation de l'Apostre à la necessité des temps.
Et ce qu'il dit, que le Roy est *esleué par des-*
sus les autres, contre ceux qui deferent au
peuple l'authorité Souueraine. Suit, *crai-*
gnez Dieu, honorez le Roy. Et par là sont join-
tes ensemble la crainte qui se rend à Dieu,

C

& l'honneur qui se rend au Roy, comme en ces mots de Salomon, Prou. 24. 21. *Mon enfant, crain Dieu, & le Roy;* afin que ce que Dieu a conjoint l'homme ne le separe point.

2. Pet. 2. 9. 10   Le mesme Apostre en sa seconde Epistre met entre les principaux crimes, celuy d'auoir à mépris les puissances superieures. *Le Seigneur,* dit-il, *sçait deliurer de tentation ceux qui l'honorent, & reseruer les iniustes pour estre punis au iour du Iugement. Et principalement, ceux qui cheminans apres la chair en conuoitise de pollution méprisent les Seigneuries, audacieux, addonnez à leur sens, qui n'ont point horreur de blasmer les dignitez.* Car le mespris des Seigneuries rejallit sur Dieu, qui en est l'autheur. D'où vient qu'il dit à Samuël, 1. Sam. 8. 7. *Ce n'est pas toy qu'ils ont reietté, mais c'est moy qu'ils ont reietté, afin que ie ne regne point sur eux:* Et Moïse à ceux d'Israël, qui murmuroient contre luy, & son frere Aaron, Exod. 16. 8. *Vos murmures ne sont pas contre nous, mais contre Dieu.* Que si Dieu defend le meurtre, parce que l'homme a esté fait à son image & semblance, Gen. 9. 6. combien est plus illustre l'image de Dieu en la personne du Prince, en

qui Dieu imprime le caractere de sa Majesté, ioint que le mespris des Princes porte les hommes à vne certaine barbarie, & ferocité brutale, qui est le comble d'impieté. D'où vient que les Philosophes l'opposent à la vertu heroïque. L'Apostre adjouste que les Anges qui sont plus grands en force & puissance, ne donnent point de sentence de blasme contre les Dignitez deuant le Seigneur. Car ils considerent au Prince le caractere qui a esté dit. Et nous apprenons de Daniel chap. 10. & 11. que Dieu se sert du ministere des Anges mesme pour la garde des Rois infideles.

A ce lieu de l'Apostre Saint Pierre est fort pareil celuy de S. Iude, vers. 8. & 9. *Ils mesprisent la Seigneurie, & blasment les Dignitez. Toutesfois Michel l'Archange, quand il debattoit disputant auec le Diable, touchant le corps de Moïse, n'osa ietter sentence de malediction, ains il dit seulement, le Seigneur te redargue.* Parce que le Prince des Diables, auec qui Michel estoit en debat, auoit esté autresfois le Prince des Anges. Duquel droit quoy qu'il soit descheu, si est-ce que l'Ange ayant encore quelque esgard au caractere de sa premiere dignité, & aux priuileges que Dieu luy auois conferez en la creation, s'abstint de maledictions, & d'imprecations, & se contenta de le remettre au iugemēt de Dieu. D'où se recueille quel crime c'est que de mesdire des Rois legitimes, que leurs charges rendent aussi sacrez que le diable est execrable.

Pourtant au lieu de maledictions, S. Paul veut que nous fassions pour eux des prieres continuelles. Et apres nous auoir commandé de prier en general pour tous les hommes, il nous ordonne des prieres particulieres *pour les Rois, & pour tous ceux qui sont establis en dignité, afin que nous menions sous eux vne vie tranquille, & paisible en toute pieté, & honesteté.* De fait, prier Dieu pour les Rois, c'est prier pour tous les hommes, parce que tout le monde a interest à leur conseruation, & que de leur vie dépend bien souuent celle de l'Estat.

Luy-mesme aduertit les Pasteurs en la personne de Tite de * ramenteuoir à ceux de leur troupeau qu'ils soient sujets aux Principautez, & Puissances. Parce que nous oublierions aisément cette leçon, si elle ne nous estoit souuent ramentuë. D'où vient qu'il la repete en diuers en-

droits. Ainsi au chap. 13. de son Epiſtre aux
Romains au verſ. 1. *Que toute ame ſoit ſuiet-*
te aux puiſſances * *ſuperieures.* Ce qui appar- * ὑπερεχού-
tient tellement à tous les Magiſtrats que σαις.
le Roy y a plus de part , parce qu'il eſt ſeul
abſolu & eſleué au deſſus de tous , comme Ioſeph dit à Pharao , en l'eſtabliſ-
ſant ſur toute l'Egypte. *Toutesfois* * *ie ſeray* *Gr. μᾶ ἔ-
plus grand que toy quand au Throne , Gen. 41. ζω σοι.
40. L'Apoſtre adjouſte au verſet 5. qu'il
nous faut eſtre ſujets , *non point ſeulement*
pour l'ire , mais auſſi pour la conſcience. Où il
faut remarquer ce mot, *il faut, il eſt neceſ-*
ſaire , comme eſtant vne neceſſité que
Dieu nous a impoſée , & que nous ne pouuons éuiter : & ce qu'il dit *pour la conſcien-*
ce, comme Saint Pierre , *pour l'amour de*
Dieu, & Salomon , *à cauſe du iurement de*
Dieu; Afin que nous ne penſions qu'il s'a-
giſſe d'vne neceſſité , fondée ſimplement
ſur des raiſons politiques. De là ſuit au v. 7.
cette infaillible concluſion : *Rendez donc à*
tous ce qui leur eſt deu , à qui tribut le tribut , à
qui peage le peage , à qui crainte la crainte ; à
qui honneur l'honneur. C'eſt ſur ce lieu de
ſaint Paul que Monſieur Heraüt, homme
plein de ſçauoir, & pieté ; & mon parent,
& intime amy , a fait ſept excellens Ser.

mons, qu'il a publiez depuis naguéres, &
dediez à voftre Roy.

Et afin qu'on ne die que c'eft aux bons
Rois qu'il nous eft commandé d'obeyr, il
faut remaquer que faint Pierre, & faint
Paul ont fait leurs Epiftres, ou fous l'Empire de Claude, ou fous l'Empire de Neron, dont le premier eftoit vn brutal, &
l'autre vn monftre execrable. Et cependant ils commandent aux fideles de leur
obeyr, non feulement pour la crainte,
mais auffi pour la confcience. Et que c'eft à
Tibere, qui ne valoit pas mieux, que Iefus-
Chrift commande de rendre les chofes
qui font à Cefar. Et pour prendre la chofe de plus haut, Dieu n'a point voulu qu'Ifraël fortift d'Egypte fans le confentement
de Pharao. Et dans la captiuité de Babylone, il leur commanda de feruir, & de
foufmettre leurs cols à vn Roy cruel, lequel ayant rauagé tout le païs de Iudée,
pris Ierufalem, ruiné le Temple & la Ville, tué la plufpart des Iuifs, & mené le refte en captiuité, les forçoit d'adorer vne
Idole, à peine d'eftre bruflez tous vifs.
Ainfi les anciens Chreftiens ont pofté les
armes fous l'Empereur Iulien, quoy que
mefchant apoftat, & perfonne n'attenta

contre luy ; ce qui euſt eſté tres-facile,
veu qu'il parut en ſa mort que toute ſon
armée eſtoit de Chreſtiens. Car Dieu appelle au Royaume auſſi bien les meſchans
que les bons. Il appelle les bons en ſa grace, & les meſchans quand il eſt courrou-
cé, pour les rendre *verge de ſa colere,* Eſ. 10.
13. C'eſt ce qu'il dit, Oſ. 10. 13. *Ie leur ay
donné vn Roy en ma fureur.* Et Eſ. 19. 4. *Ie li-
ureray l'Egypte en la main d'vn rude Seigneur.*
Et Iob 34. 30. ſelon les verſions Grecque
& Vulgate, que ſuiuent quelques Docteurs
Ebreux : *Il fait regner l'homme hypocrite à
cauſe des pechez du peuple.* C'eſt pourquoy
nous deuons ſouffrir ce chaſtiment, quand
Dieu nous l'enuoye, comme venant de
ſa part, & attendre la deliurance de celuy qui tient en ſa main le cœur des Rois,
Prou. 21. 1.

Si on replique que chacun à part doit
obeyſſance aux Rois, mais non les
Eſtats du Royaume, parce qu'encore
que le Roy ſoit eſleué par deſſus tous les
particuliers, ſi eſt-ce que les Eſtats du
Royaume eſtans aſſemblez, ont plus de
pouuoir que le Roy. Ie répond que cela ſe
dit ſans preuue, & ſans authorité, raiſon, ni
exemple qui ſe tire de l'Eſcriture. Tant

s'en faut quand l'Apoſtre veut que toute
ame ſoit ſujette aux Puiſſances ſouuerai-
nes, c'eſt à dire à la Puiſſance qui en cha-
que Eſtat tient le premier rang & eſt eſ-
leuée au deſſus de tous : Ce commandement s'adreſſe à tous les ſujets, ſoit qu'ils
s'aſſemblent ou qu'ils ſoyent à part. Car
les ſujets aſſemblés ou non aſſemblés ſont
touſiours ſujets. Et leur condition ne
change pas, parce qu'ils ſe ſont aſſemblés.
Pourtant quelque nombre qu'ils ſoyent, le
Roy eſt touſiours au deſſus, comme le Pere ſur ſes enfans, & le Maiſtre ſur ſes ſeruiteurs, & le General ſur ſes ſoldats. Il a
ſeul plus de pouuoir qu'eux tous : comme
le Iupiter d'Homere, qui tire tout ſeul la
chaine d'or & l'emporte contre tous les
autres Dieux. Ce que ie ne dy nullement
en faueur de la tyrannie, qui eſt le pire de
tous les monſtres, & le plus hay de Dieu
& des hommes : Ni pour approuuer les
Rois qui ne ſe ſeruent de leur puiſſance
qu'à la ruine de leurs ſujets. Seulement ie
maintien que Dieu en ſa parole donne aux
Rois vn droit ſouuerain ſur tous leurs ſujets ſoit aſſemblés ou à part.

Mais parce que nous ſommes orgueil-
leux, & ne nous ſouſmettons pas volon-

tiers à la puiſſance d'autruy, ceſte parole
meſme, nous induit par pluſieurs raiſons
à rendre aux puiſſances Souueraines l'o-
beïſſance qui leur eſt deuë. I. Et celle-cy
eſt des plus ordinaires, que les Rois ſont
de par Dieu qui *les oſte & les eſtablit.* Dan. 2.
21. Et *domine ſur le regne des hommes, & le
donne à qui il luy plaiſt,* Dan. 4. 17. & 5. 27.
C'eſt par moy, dit il, *que les Rois regnent, &
que les Princes decernent iuſtice.* Prou. 8. 15.
qui eſt ce que dit S. Paul Rom. 13. *qu'il
n'y a point de puiſſance ſinon de par Dieu, & que
les puiſſances ſont ordonnées de Dieu.* Ainſi
Saül premier Roy des Iuifs fut eſtabli par
le peuple, 1. Sam. 11. 15. Mais ce que le
peuple l'eſtablit fut par la conduite de
Dieu, qui l'auoit le premier eſleu, & commandé à Samuel de l'oindre, 1. Sam. 9. 16.
& l'auoit deſcouuert au peuple, lors qu'il ſe
cacha parmi le bagage, 1. Sam. 10. 22. Auſſi
eſt-ce ce que leur commandoit la Loy,
Deut. 17. 15. *d'eſtablir pour Roy celuy que
l'Eternel leur Dieu auroit choiſi.* Il en eſt de
meſme de Dauid, duquel Dieu dit Pſ. 89.
20. 21. *I'ay eſleué l'eſleu du peuple, i'ay trouué
Dauid mon ſeruiteur.* Et de Salomon, touchant lequel Dieu parle ainſi à Dauid ſon
pere, 2. Sam. 7. 12. *Ie feray leuer ta poſterité*

apres toy, & establiray son regne. Delà vient
que Dieu parlant des Rois, les nomme
ses Oints, comme il a paru cy-deuant. Et
ses Rois, comme Dauid au Pſ. ſecond.
C'eſt mon Roy, ie l'ay eſleu. Et *ses enfans,* comme Salomon 2. Sam. 7. 14. *Ie luy ſeray
pere & il me ſera fils.* Et *ses eſleus* comme
Saül, 2. Sam. 21. 6. *Au coſtau de Saül l'eſleu
de l'Eternel.* Et *ses Paſteurs,* comme Cyrus
Eſ. 44. 28. Qui dit de Cyrus *c'eſt mon Paſteur.* Et *ses ſeruiteurs,* comme Nebucadnetſar, Ierem. 27. 8. *I'ay liuré tous ces païs en
la main de Nebucadnetſar Roy de Babylon
mon ſeruiteur.* Et *ses boucliers,* comme au
Pſ. 47. 10. *les boucliers de la terre ſont à Dieu.*
Car la les boucliers de la terre ce ſont les
Rois, Ainſi Pſ. 89. 19. *Noſtre bouclier eſt à
l'Eternel, & noſtre Roy eſt au Sainct d'Iſraël.*
l'adjouſte que les Rois ſont Oints de ſon
huile Pſ. 89. 21. *Ie l'ay Oint de ma ſainte
huile.* Et ſont aſſis ſur ſon throne, 1. Chron.
29. 23 *Salomon s'aßit ſur le Throne de l'Eternel.* Et ſont couronnés de ſa main, Pſ. 21. 4.
Tu as mis ſur ſa teſte vne couronne de fin or. Et
qu'il ratifie leur election par diuers mira-
cles, comme il fit par des tonnerres celles
de Saül & de Darius. Et que par ſon eſprit
il porte les ſujets à auoir leurs Rois en re-

uerence, Ainſi 1. Sam. 11. 7. *La frayeur de*
l'Eternel cheut ſur le peuple , & ils ſortirent
tous au commandement du Roy Saül, comme ſi
ce n'euſt eſté qu'vn ſeul homme. Et qu'il veille pour la conſeruation des Rois, Pſ. 144.
10. *C'eſt luy qui enuoye deliurance aux Rois, &*
recout de l'eſpée dangereuſe Dauid ſon ſerui-
teur. Et qu'il leur enuoye ſes Anges pour
les aſſiſter & fortifier, teſmoin l'Ange qui
dit Dan. 11. 1. *En la premiere année de Darius*
de Mede, ie l'ay aſſiſté, pour le fortifier & le
renforcer. Et qu'il les meine par la main, &
les munit de ſa vertu, pour entreprendre
des choſes qui autrement paſſeroyent la
force des hommes. Ce qu'il promet à
Cyrus par ces paroles du Prophete Eſaie;
Ie l'ay pris par la main droite , pour eſtendre Eſ. 45. b.
tout à plat les nations deuant luy, & deceindre
les reins des Rois, afin qu'on ouure deuant luy les
huis, & que les portes ne luy ſoyent point fer-
mées. I'iray deuant luy & dreſſeray les chemins
tortus : Ie rompray les portes d'airain, & met-
tray en pieces les barres de fer ; c'eſt à dire les
cent portes d'airain de la grande ville de
Babylon, qui nous ſont deſcrites par Hero-
dote. Pourtant quand Saül fut eſleu,
l'Eſprit de l'Eternel le ſaiſit, & il deuint vn
tout autre homme , & Dieu luy donna vn autre

cœur, 1. Sam. 10. 6. 9. Et quand Dauid fut
mis en sa place, l'Esprit de l Eternel se par-
tit d'auec Saül & saisit Dauid, 1. Sam. 16. 13.
14. Et Dieu donna à Salomon *Sapience &*
cognoissance, 2. Par. 1. 12. *Et vn cœur entendu*
à iuger son peuple, & à discerner entre le bien
& le mal, 1. Reg. 3. 9. C'est pourquoy il est
dit Pro. 16. 10. *qu'il y a diuination és leures*
du Roy, afin que sa bouche ne se fouruoye point
du droit. C'est à dire, que quand il plaist à
Dieu benir vn Monarque, il luy donne
prudence & viuacité d'esprit pour estre
heureux en ses conjectures, & preuoir les
maux, & les preuenir, & iuger ce qui est
le plus expedient pour le bien de son Estat.
Ce qu'ayant recognu en Dauid ceste femme sage que luy enuoya Ioab, elle s'es-
cria ; *On ne sçauroit decliner ni à droite ni à*
gauche de tout ce que le Roy mon Seigneur a dit,
&c. Car mon Seigneur est comme vn Ange de
Dieu pour sçauoir tout ce qui est sur la terre, 2.
Sam. 14. 19. 20. Somme que *le cœur du Roy*
est en la main de l'Eternel comme des ruisseaux
d'eaux courantes, & il l'encline à tout ce qu'il
veut, Pro. 21. 1. Ce qu'exprimoient les
Assyriens par certaines peintures qui re-
presentoient le cœur du Roy porté par la
main de Dieu. Si bien qu'on ne peut mes-

Themist.
orat. 9.

cognoiſtre, à moins que d'eſtre tout à fait
aueugle, que ce ne ſoit Dieu qui crée les
Rois & les eſtablit, & les gouuerne par
vn ſoin ſpecial.

Ie dy meſme que ces priuileges ne ſont
pas tellement propres aux bons Rois, que
les meſchans n'y ayent auſſi part. Car
meſme les mauuais & les infideles, comme Pharao, Saül, Nebucadnetſar & Cyrus, ont eſté eſtablis de Dieu. Ie l'ay deſia
prouué de Saül. Et Dieu meſme dit de
Pharao, Exod. 9. 16. *Pour ce ſujet t'ay-je
eſtabli* , &c. Et Daniel à Nebucadnetſar,
Dan. 2. 32. *Le Dieu des cieux t'a donné Royaume, & puiſſance, & vertu, & gloire.* Et Cyrus
de ſoy meſme, Eſdr. 1. 2. *Le Dieu du ciel m'a
donné tous les Royaumes de la terre.* Ce qui
fait dire à Sainct Auguſtin que *le meſme qui
a donné l'Empire à Auguſte l'a auſſi donné à
Neron, Que celuy qui l'a donné aux Veſpaſians
pere & fils, tres bons Empereurs, l'a auſſi donné
au cruel Domitian. Et ſans qu'il les faille tous
alleguer, celuy qui l'a donné à Conſtantin qui
eſtoit Chreſtien, l'a auſſi donné à Iulien l'Apo-
ſtat.* Pourtant Saül & Cyrus ſont nommés
en l'Eſcriture les *Oints* & les *eſleus de Dieu.*
Et l'Eſprit de Dieu a ſaiſi Saül auſſi bien
que Dauid. Et l'Ange de Dieu a auſſi bien

*De Ciu.
Dei lib. 5.
Cap. 21.*

assisté à Darius qu'à Ezechias.

La chose est si manifeste que mesme les Payens ont recognu que c'est Dieu qui establit les Rois. A quoy seruent les epithetes que leur donne Homere le plus ancien de tous les Poëtes, quand il les nomme διογενεῖς, & διοτρεφῆς, c'est à dire, engendrés de Iupiter & ses nourrissons. Et ce qu'il dit d'Agamemnon.

Que Iupiter luy a donné
L'honneur d'estre Roy couronné.

Hesiode escrit de mesme, que les Rois sont de Iupiter. Et à son imitation Callimaque, en son Hymne sur Iupiter, le prefere aux autres Dieux pour ceste raison, qu'au lieu que de Vulcain viennent les forgerons, de Mars les soldats, de Diane les chasseurs, d'Apollon les Poëtes,

De Iupiter viennent les Rois,
Il leur a fait part de ses droits,
Et rien ne porte tant de marques
De sa grandeur que les Monarques.

Et en Aurele Victor l'Empereur Tite s'escrie, *Ne voyés vous pas que les Puissances se donnent par la destinée.* Ce qu'il appelle destinée, c'est la Prouidence de Dieu. Et Pline du Panegyrique de Trajan, *Quand on seroit encore en doute si c'est par hazard ou*

par la Prouidence de Dieu que les hommes commandent sur la terre, si est-ce qu'il paroistroit
que c'est Dieu qui nous a donné nostre Prince.
Et Ecphantus Philosophe de la secte de
Pythagoras : *Il n'y a rien en terre de plus ex-*
cellent que l'homme, ni rien entre les hommes
de plus diuin que le Roy, qui est de beaucoup esle-
ué au dessus de la nature commune. *Car estant*
semblable de corps au reste des hommes, comme
fait d'vne mesme matiere, il a esté fabriqué
par vn excellent ouurier, qui en a pris le mode-
le sur soy-mesme. Aussi la chose parle de
soy-mesme; Car si la Prouidence de Dieu
s'estend iusqu'aux moindres oiseaux : est-
il croyable que sans sa direction, & prouidence speciale, vn hôme monte iusqu'au
sommet des plus eminentes dignitez ; &
que plusieurs millions d'hommes se lais-
sent gouuerner par vn seul , & soyent
prests d'exposer pour lui leurs biens , &
leurs vies ?

  C'est pour neant qu'on objecte que
saint Pierre appelle le Magistrat, *vn ordre*
humain. Car ce qu'il l'appelle humain, n'est
pas qu'il soit de droit humain , ou qu'il ait
les hommes pour autheurs : mais parce
que ce sont hommes qui regnent , & qui
regnent sur d'autres hommes. Le mesme

Stob de Mo-
narchia.

Saint Pierre monſtre aſſez, que c'eſt vn ordre diuin, quand il nous commande d'y eſtre ſuiets *pour l'amour de Dieu.* Car c'eſt dire, que c'eſt de Dieu que vient ce que des hommes, qui de nature ſont tous égaux, les vns ſont ſuiets aux autres. Et pourtant que c'eſt à nous à nous aſſuiettir à cét ordre, à raiſon de ſon autheur. Comme il n'y a rien de ſi fort pour nous porter à l'obeyſſance que cette ferme perſuaſion, que c'eſt Dieu qui donne les Sceptres, & qui fait aſſeoir les Rois ſur le Thrône. Car c'eſt ce qui oblige tous ceux qui ont quelque ſentiment de pieté à craindre qu'en ſe ſouſleuant contre les Princes eſtablis de Dieu, ils n'irritent contre-eux Dieu meſme. C'eſt le raiſonnement de l'Apoſtre, Rom. 13. *Il n'y a point de puiſſance ſinon de par Dieu, & les puiſſances qui ſont en eſtat ſont ordonnées de Dieu. Parquoy qui reſiſte à la puiſſance, reſiſte à l'ordonnance de Dieu.* Et celui de Tertullien : *Il faut que nous ayōs l'Empereur en reuerence, comme celuy que noſtre Seigneur a eſleu.* Et de Saint Chryſoſtome en la premiere Homilie de Dauid, & de Saül : *Si tu meſpriſes ton compagnon de ſeruice, crain le Seigneur : Si tu deſdaignes celuy qui eſt éleu, aye égard à celuy qui l'a eſleu.*

*Apologet.
cap. 33.*

                                        Et

Et de Saint Bernard en l'Epiſtre CLXX.
à Louys VII. Roy de France : *Quand tout*
le monde ſeroit coniuré contre moy , pour m'o-
bliger à attenter quelque choſe contre la Ma-
ieſté Royale : ſi eſt ce que ie craindrois Dieu ,
& n'oſerois offenſer le Roy qu'il a eſtably; car
ie ſçay bien où i'ay leu , que celui qui reſiſte à
la Puiſſance , reſiſte à l'ordonnance de Dieu.
C'eſt pourquoi les Eſſeens faiſoient vn
ſerment ſolemnel d'obeïr aux Magiſtrats,
fondés ſur ce que *perſonne ne paruient à ceſte* Ioſeph. de
dignité ſans Dieu. Bel. Iud. lib.
De là meſme ſe recueille qu'il n'eſt pas 2. cap 6.
au pouuoir du peuple de depoſer les Rois:
car ce qu on poſe pour maxime , que les
meſmes peuples qui ont eſtabli les Rois
les peuuent auſſi depoſer, n'eſt nullement
veritable , pource qu'il n'y a point de Roy
qui tienne du peuple ſon droit tout entier.
Il vient en partie de Dieu ; voire ie dy que
c'eſt Dieu qui leur donne le premier &
principal droit. Poſé donc que les peuples
puiſſent oſter aux Rois ce qu'ils leur ont
donné , ſi eſt ce que les Rois ſont eſtablis
par vn autre droit qui ne depend point du
tout du peuple , aſſauoir par le droit diuin. Et puis que c'eſt Dieu ſeul qui le donne , auſſi n'y a il que luy qui l'oſte. Ioint

D

qu'on ne les peut depoſer, parce qu'eſtans Rois ils ſont abſolus, & ne releuent plus que de Dieu. Sur cela eſt remarquable la reſponſe que Valentinien fit à ſes ſoldats, ſur ce qu'apres l'auoir éleu à l'Empire, ils le ſommoient de prendre vn aſſocié. *Sozom.lib.6. Compagnons vous auiés tout pouuoir de choiſir qui vous vouliés pour voſtre Empereur : Mais à preſent que vous m'aués choiſi, ce que vous requerez ne depend plus de vous, mais de moy: Et c'eſt à vous à vous gouuerner paiſiblement comme mes ſujets, & à moy comme voſtre Empereur à faire ce qui ſera de raiſon.* Mais ceſte diſpute n'eſt pas neceſſaire icy , veu que les Rois d'Angleterre ne tiennent point leur dignité du peuple; mais ſont par la grace de Dieu ce qu'ils ſont, le Royaume leur eſtât venu par ſucceſſió de pere en fils depuis vn têps immemorial : Si bien qu'il n'y a point de Royaume dont le droit ſoit plus euidêt ni plus ancié, ni mieux eſtabli.

II. Nous tirons la ſeconde raiſon de ces paroles de Salomon, Eccleſ. 8. 2. *Prend garde à la bouche (* ou au commandement *) du Roy, meſme pour la parole du iurement de Dieu:* C'eſt à dire, eu egard au ſerment de fidelité que tu luy as preſté. Car c'eſt vn horrible crime que de violer la

foy donnée, qui eſt ce que nous auons de
plus ſainct, ſur tout lors que le ſacré nom
de Dieu y eſt entreuenu, & que nous l'a-
uons pris à teſmoin de la verité de nos
promeſſes. Car ſi *Dieu fait perir tous ceux
qui proferent menſonge,* Pſ. 5. 7. Et ſi *tous les
menteurs ont leur part aſſignée en l'eſtang ardent de feu & de ſouphre,* Apoc. 21. 8. que
ſera-ce de ceux qui adjouſtent le parjure
au menſonge, & ſe mocquent ainſi du
nom de Dieu, qui eſt redoutable aux Anges meſmes ? Et qui ſe jouënt de leurs
ſermens, comme les enfans des oſſelets,
pour tromper non ceux du commun ; mais
les Rois & Peres du Peuple, & pour les
tromper en la choſe du monde la plus im-
portante ? Sans doute donc que tels parjures ne peuuent partir ou que d'vn homme
tout à fait athée qui dit en ſon cœur qu'il
n'y a point de Dieu, & là deſſus ſe cor- *Pſal.* 14. 1.
rompt & ſe rend abominable en ſes faits?
où d'vn Epicurien qui croid que Dieu ſe *Iob.* 22. 14.
promeine ſur le tour des cieux, & prend
les nuées pour ſa cachette, & ne void rien,
& n'a nul ſoin des choſes humaines. Car
autrement il n'oſeroit pas rendre Dieu,
qui eſt la verité meſme, receleur de ſes
menſonges, & protecteur de ſes impoſtu-

res , & faire de ſon nom vne attrapoire,
& vn inſtrument pour tromper : Ce qui
eſt obliger Dieu à faire le meſtier du Diable, s'il ſe peut dire ſans blaſpheme. D'où
viét qu'il menace les parjures de punitions
ſi atroces, quand il dit, Malach. 3. 5. *qu'il ſe-*
ra contre eux vn teſmoin ſubit : Et Zachar.
5. 3 4. que la malediction du ſerment ſortira
ſur le deſſus de toute la terre, & entrera en la
maiſon de celuy qui iure fauſſement par le nom
de Dieu, & giſtera au milieu de ſa maiſon, &
la conſumera auec le bois & les pierres d'icelle.
Ainſi toute la maiſon de Saül fut extermi-
née, pource qu'il auoit violé la foy donnée aux Gabaonites, laquelle toutesfois
ce peuple maudit n'auoit obtenuë de Io-
ſué que par fraude & par ſurpriſe. Et ce
qui fait plus à noſtre propos, eſt que Sedecias pour auoir violé le ſerment fait à Nebucadnetſar fut mené captif en Babylone
auec tout le peuple de Dieu: Et apres auoir
veu eſgorger ſes enfans en ſa preſence, on
luy creua les deux yeux, & il mourut ainſi
miſerable. *Il ſe rebella,* dit Eſdras, *contre*
le Roy Nebucadnetſar qui l'auoit fait iurer par
le nom de Dieu, &c. *Et la fureur de l'Eternel*
s'embraſa contre ſon peuple, tellement qu'il n'y
eut plus de remede. C'eſt ce que nous expri-

2 *Chron.* 36.
33. 16.

me Ezechiel en termes ſi pathetiques: Ezech.17.12
Ce Roy de Babylon en a pris vn de la race Roya- 13. &c.
le, & a traitté alliance auec luy, & luy a fait
preſter ſerment auec execration, & a pris en
oſtage les principaux du païs, &c. Mais ceſtuy-cy s'eſt rebellé contre luy, enuoyant ſes meſ-
ſagers en Egypte, afin qu'on luy baillaſt des
cheuaux & gros peuple. Et celuy qui a fait tel-
les choſes proſpereroit-il? eſchaperoit-il? Ayant
enfraint l'alliance eſchaperoit il? Ie ſuis viuant, dit l'Eternel, ſi ceſtuy-cy ne meurt au
païs du Roy qui l'a eſtabli pour Roy, duquel il
a meſpriſé le ſerment d'execration, & duquel
il a enfraint l'alliance, eſtant par deuers luy au
milieu de Babylon. Et Pharao ne fera rien pour
luy guerroyant auec grand force, &c. Car il a
meſpriſé le ſerment d'execration, enfraignant
l'alliance: Et ayant donné ſa main, il a fait
toutes ces choſes icy; Il n'eſchapera point. Ainſi
a dit l'Eternel; ie ſuis viuant, ſi ie ne renuerſe
ſur ſa teſte mon ſerment d'execration qu'il a
meſpriſé, & mon alliance qu'il a enfrainte. Et
i'eſtendray ma rets ſur luy, & il ſera pris en mes
filets, & ie le feray entrer en Babylon, & là
conteſteray côtre luy de ſon forfait, par lequel il a
forfait contre moy. Et tous ſes fuyards auec toutes ſes troupes tomberont par l'eſpée, & ſes de-
meurans ſeront eſpars à tout vent, & vous

ſçaurés que moy l'Eternel ay parlé. Telle a
eſté la cauſe de la ruine de Ieruſalem, &
du Temple que Salomon auoit baſti auec
tant de ſomptuoſité, & qui eſtoit lors le
ſeul en la terre qui fuſt conſacré au nom
de Dieu. Aſſauoir ce que Sedecias auoit
rompu vn ſerment extorqué de force par
vn Roy eſtranger, & payen, & tyran, &
yſurpateur. Et de combien ſont plus cri-
minels ceux qui ont rompu la foy tant de
fois données à vn Roy bon & fidele, &
qui eſtoit leur Roy legitime, & apres
auoir ſecoüé ſon ioug luy ont fait ſon proces, & l'ont mis à mort ie m'en rapporte
à tous ceux qui en iugeront ſans paſſion.

III. l'apporte pour troiſieſme raiſon
que le Roy eſt le chef du peuple, voire le
chef Souuerain. D'où vient que Samuel
dit à Saül, 1. Sam. 15. 17. *Tu eſtois petit de-*
uant tes yeux, & tu as eſté fait chef de toutes
les Tribus d'Iſraël. Et Dauid de ſoy meſme,
Pſ. 18. 44. *Tu m'as eſtabli chef des nations.*
Parce qu'au corps de l'eſtat le Roy tient
lieu de teſte & de chef. Or n'a on iamais
oüi dire qu'on coupaſt la teſte pour le
bien du corps. Il eſt vray que Ieſus-Chriſt
commande de couper la main & le pied,
& d'arracher l'œil s'il eſt en ſcandale.

Mais il ne commande nulle part de couper la teſte, car ce ſeroit choquer la natu-
re. *Y a-il quelcun ſi furieux*, dit le I V. Con- *Cap. 74.*
cile de Tolede, *que de couper ſa teſte de ſes*
propres mains, comme ces gens qui ennemis de
leur propre conſeruation, tournent leurs forces
contre eux meſmes, & ſe tuent eux meſmes &
leurs propres Rois ?

   IV. Tout le monde eſt d'accord que
les Rois ſont peres des peuples. Ainſi ſelon le Poëte Homere

  Vlyſſe gouuernoit ſon peuple auec raiſon,   *Odyſſ. β. v.*
  Comme vn pere benin fait ceux de ſa maiſon, 234.
Et Xenophon dit *qu'vn bon Prince ne differe* *Cyrop. l. 8.*
en rien d'vn bon pere. Et Charondas, que *les*
Princes doiuent conduire leurs ſujets , comme
ils feroyent leurs propres enfans. Et Muſonius,
que *le Roy imite l'exemple de Dieu, & ſe mon-*
ſtre pere de ceux qu'il gouuerne. Ainſi Dauid
appelle ſon pere le Roy Saül, 1. Sam. 24.
12. Et les Rois de ceux d'Iſraël ſont nommés leurs peres, 1. Sam. 12. 15. Ce qu'emportoit le nom *d'Abimelech*, que les Rois *Gen.* 20. *et*
Philiſtins ont touſiours porté , depuis le 21. *&* 26.
ſiecle d'Abraham & d'Iſaac, iuſqu'à celuy *Pſ.* 34. 1.
de Dauid. Car ce nom *d'Abimelech* ſigni-
fie, *mon pere Roy.* Or n'y a il point de loy
qui donne pouuoir aux enfans de s'eſleuer

D iiij

contre leurs peres, & de rien attenter sur leur vie ; tant s'en faut , Deut. 13. 7. où Dieu commande à ceux d'Israël de poursuiure à mort sans misericorde leurs femmes, leurs enfans, & leurs freres, s'ils les sollicitent à idolatrie , il n'est point parlé des peres & meres, afin que les enfans n'ayent nul pretexte de renoncer à l'honneur qui leur est deu.

V. Il naist vne autre raison de ce que repliqua Dauid à ceux qui l'incitoient à tuer Saül, 1. Sam. 14. 7. *Ia ne m'aduienne de par l'Eternel que ie commette vn tel cas contre mon Seigneur.* Qui sont paroles qui tesmoignent qu'il n'ose toucher à la vie du Roy parce qu'il le recognoist son Seigneur. Car c'est vn crime capital aux seruiteurs, non seulement de tuer leur maistre , mais mesme de l'abandonner quand il court risque de sa vie. Ainsi Dauid prononce qu'Abner & les autres gardes de Saül sont dignes de mort, pour n'auoir pas bien gardé leur maistre pendant la guerre, 1. Sam. 26. 16 Et quelques iniques que soyent les maistres , si est ce que les seruiteurs sont obligés à leur deuoir, suiuant l'exhortation de Saint Pierre , 1. Pet. 2. 18. *Vous seruiteurs soyés sujets en toute crainte à vos mai-*

stres, *non seulemēt aux bons & equitables, mais
aussi aux fascheux.* Le Grec porte mot à σκολιοῖς,
mot *aux obliques*, ce qui emporte plus que
fascheux. Car on peut appeller fascheux
tous ceux qui sont chagrins & seueres.
Mais en fait de mœurs on appelle obliques ceux qui quittent les voyes de droi-
ture. D'où vient que, Prou. 28. 8. celuy
qui chemine par voyes obliques est opposé à celuy qui chemine en integrité. Et
Prou. 4. 24 la bouche oblique est iointe
aux lévres iniustes. Ici donc les maistres
obliques sont ceux qui dominent auec in-
iustice. C'est pourquoy l'Apostre adjouste, que *c'est chosʾ agreable à Dieu, si quelqu'vn à cause de la conscience qu'il a enuers
Dieu, endure fascherie, souffrant iniustement.*
Ce qui descouure iusques à quel poinct
nous sommes obligez de souffrir de ceux
que Dieu a esleuez au dessus de nous, &
que nous en deuons endurer, lors mesme
qu'ils font choses iniustes, & cela non tant
pour la crainte qu'il ne nous arriue pis que
pour la conscience enuers Dieu, qui par là
nous veut chastier, & ne nous permet pas
de regimber contre l'aiguillon.

VI. De plus, ce qui est repeté tant de
fois en l'Escriture, *Ne touchez point à mes*

Oincts ; Et ja ne m'aduienne d'estendre ma main sur celui qui est Oinct de l'Eternel; Et qui est-ce qui mettra sa main sur l'Oinct du Seigneur & sera innocent ; Et comment n'as-tu point craint d'estendre ta main sur l'Oinct du Seigneur ? Et ta bouche a parlé contre toy, disant, i'ay fait mourir l'Oinct de l'Eternel. Cette sentence, dis-je, qui est repetée tant de fois en l'Escriture, monstre non seulement qu'il n'est pas permis de toucher aux Oincts du Seigneur, mais que ce qu'il n'est pas permis, c'est pour cette mesme raison, à sçauoir, parce qu'ils sont les Oincts du Seigneur, qui est ce qui rend leurs personnes sacrées, & inuiolables, Dieu les ayant tellement separez par son Onction du commun des hommes, qu'il est entierement defendu d'en approcher pour les offenser en quoy que ce soit. Car cette onction leur est comme cette haye, dont il auoit entouré Iob, & tout ce qui luy appartenoit : ou comme ces bornes qu'il fit mettre tout autour de la montagne pour empescher qu'on n'en approchast. Elle est mesme de telle importance, que par là Dieu engendre les Rois. D'où vient qu'au Pseaume deuxiesme, apres que Dieu a dit à Dauid; *I'ay sacré mon Roy sur Sion,*

Iob.1. 10.
Exod. 19. 11.

à ſçauoir, par le moyen de l'Onction , il adjoufte au verſet qui ſuit ; *c'eſt toy qui es mon fils, ie t'ay auiourd'huy engendré*. Et 1. Sam. 13. 1. il eſt dit de Saül, qu'il n'auoit qu'vn an , lors qu'il fit la guerre aux Phili-ſtins , parce qu'il ne s'eſtoit écoulé qu'vne année depuis ſon onction. Comme ſi ſa vie n'auoit commécé qu'auec ſon onction, par laquelle l'Eſcriture dit qu'il fut *changé en vn autre homme*, 1. Sam. 10. 6. 9. Et meſ-me parmi les Payens , le iour de la conſe-cration des Empereurs , s'appelloit leur iour natal , comme Balſamon le remar-que. Ainſi lit-on en Spartian que l'Empe-reur Adrian celebroit l'onzieſme d'Aouſt *le iour Natal de ſon Empire*, c'eſt à dire , le iour de ſon élection. Et l'Autheur du Pa-negyrique fait à la loüange de Conſtan-tin , né en Eſclauonie, dit qu'il a enno-bly l'Angleterre par ſa naiſſance, c'eſt à dire , par ſon 'eſlection ; car ce fut en Angleterre , qu'il fut creé Empereur en la place de ſon pere Conſtance. Il eſt vray que les Souuerains Sacrificateurs , qu'on oignoit auſſi bien que les Rois , ſe pou-uoient depoſer & mettre à mort. Ainſi Salomon ayant depoſé le Sacrificateur Abiathar , le declara coupable de mort.

Et ce qu'il luy donna la vie, ce ne fut pas
pource qu'il eſtoit Oinct, mais pource qu'il
auoit porté l'Arche deuant Dauid ſon pere, & luy auoit eſté fidele pendant tout le
temps de ſon affliction, 1. Reg. 2. 26. Mais
nous apprenons des Ebreux qu'autre
eſtoit l'onction des Rois, autre celle des
Sacrificateurs. Car encore qu'on les oi-
gniſt d'vne meſme huile, ſi eſt-ce qu'il y
auoit grãde diuerſité tant de ceremonies,
que de ſignification, parce qu'il falloit
d'autres graces aux Rois qu'aux Sacrificateurs. Et n'eſt pas pour neant, que ce titre
d'Oincts du Seigneur, eſtoit particulier aux
Rois; car encore que les Prophetes, & les
Sacrificateurs euſſent auſſi leur part de
l'onction, ſi eſt-ce qu'ils ne ſont iamais
appellez les Oincts du Seigneur. On replique que ſi c'eſt l'onction qui rend ſacrée
la perſonne des Rois, cela ne ſe peut plus
alleguer, veu qu'auiourd'huy cette onctiõ
a ceſſé : car on ne les oinct plus du tout,
ou s'il y en a qu'on oinct encore, c'eſt par
vne ceremonie d'inſtitution purement
humaine, & non ſelon la forme preſcrite
de Dieu, ni de l'huile dont eſt parlé en ſa
Loy. Ie reſpond que le ſigne aboly, la
grace demeure encore, & que c'eſt pluſtoſt

au regard de l'onction interieure que de
l'exterieure que les Rois ſont nommez
Oinɛts du Seigneur. Car ſans parler de Ieſus-Chriſt, & des Patriarches, qui ne ſont
nommez Oinɛts du Seigneur, qu'à raiſon
de l'Onɛtion ſpirituelle, & inuiſible, comme tout le monde l'aduoüe ; Cyrus, quoy
que Roy payen, & qui n'a iamais eſté
oinɛt d'aucune huile materielle, & beaucoup moins d'vne huile ſacrée, eſt toutesfois nommé Oinɛt de Dieu, Eſ.45. 1. Pourtant quiconque eſt Roy legitime, pour
cela meſme eſt l'Oinɛt du Seigneur.

V I I.   l'adjouſte que le nom de Dieux
que l'Eſcriture donne aux Magiſtrats, con-
uient ſur tout aux Rois, & Monarques.
Comme au Pſ. 82. *l'ay dit, vous eſtes Dieux,*
& eſtes tous enfans du Souuerain. Et Exod. 22.
18. *Tu ne meſdiras point des Dieux,* c'eſt à
dire, du Prince de ton Peuple, comme la
Loy s'expoſe elle-meſme.   D'où vient
qu'au Pſeaume 45. Salomon eſt appellé
par deux fois de ce nom de Dieu. Il eſt
vray que l'Apoſtre aux Ebreux, le rapor-
te à Ieſus-Chriſt ſignifié par Salomon.
Mais le ſens typique preſuppoſe le literal,
bien loin de l'exclure. On peut donc dire
de Salomon, & par meſme raiſon des

autres Rois, qu'ils ſont Dieux en quelque
façon. Qui eſt ce que reconnoiſt le Philo-
ſophe Diotogenes, ſeĉtateur de Pythagoras, que *le Roy ayant vn empire abſolu, &*
independant, & eſtant luy-meſme vne Loy vi-
uante, eſt comme vn Dieu parmi les hommes.
Et Ecphantus de la meſme ſeĉte : *Ce qui eſt*
le propre de Dieu, eſt auſſi le propre du Roy, de
ſe commander à ſoy-meſme, & n'auoir perſon-
ne qui luy commande.   De ſorte qu'il en eſt
de ceux qui ſe ſouſleuent contre leurs
Rois, comme de ces Geans de la Fable,
qui firent la guerre aux Dieux. Et leur peut
eſtre appliqué ce que dit Homere :

> *Celui qui fait la guerre aux Dieux*
> *Ne vit que peu de temps , & iamais ne*
>   *proſpere;*
> *Son fils ſur ſes genoux ne lui fait point la*
>   *chere,*
> *Au retour du choc furieux.*

Et quand il ſe verra pourſuiuy de la iuſte
vengeance de Dieu, il aura ſujet de s'écrier
comme Diomede en Virgile,

> *Qu'euſſe-je attendu qu'vne ſuite*
> *Eternelle d'aduerſitez,*
> *Depuis que ma fureur maudite*
> *Se fut priſe aux Diuinitez ?*

VIII.   Faut auſſi remarquer que Sa-

müel, par le commandement de Dieu, re-
prefente ainfi le droit des Rois, 1. Sam. 8.
11. &c. *C'eft icy le droit du Roy : Celui qui
regnera fur vous, prendra vos fils, & les
ordonnera fur fes chariots, & parmi fes
gens de cheual, & ils courront deuant fon
chariot. Il les prendra auſſi pour les efta-
blir gouuerneurs fur milliers, & fur cinquan-
taines, & pour faire fon labourage, pour faire
fa moiſſon, pour faire fes inftrumens de guerre, & les inftrumens de fes chariots. Il prendra
auſſi vos filles pour en faire des parfumeufes,
des cuifinieres, & des boulangeres. Il prendra
auſſi vos champs, vos vignes, & vos lieux
où font vos bons oliuiers, & les donnera à fes
feruiteurs. Il difmera ce que vous aurez femé,
& ce que vous aurez vendangé, & le donnera à
fes eunuques & à fes feruiteurs. Il prendra vos
feruiteurs & vos feruantes, & l'eflite de vos
ieunes gens, & vos afnes, & les employera à fa
befongne, il difmera vos troupeaux, & vous
lui ferez ferfs.* Il dit que cela eft du droit du
Roy, non que deuant Dieu fe foient chofes iuftes. Car Dauid n'a peu prendre fans
crime la femme d'Vrie, ni la vigne de Naboth. Mais parce que les Rois commettent
ces crimes auſſi impunément de la part des
hommes que fi c'eftoient chofes permifes;

c'eſt pourquoy il eſt adjouſté, que le peu-
1.Sam.8,18. ple ainſi oppreſſé aura recours à Dieu par
prieres, parce que contre la violence du
Roy, il n'y a point de remedes humains.
Il y en a qui par le droit entendent la cou-
ſtume des Rois, comme ce mot ſe prend
quelquesfois: mais ceux qui le prennent
ainſi quittent la ſignification de ce mot la
plu, ordinaire, & s'eſloignent de tous les
vieux Interpretes, & de la pluſpart des
Docteurs Ebreux.

IX. Il y a nombre de Docteurs anciens
qui ſe ſeruen: à ce meſine propos de ces paroles de Dauid, Pſ 51. 6. *I'ay peche contre*
toy ſeul, c'eſt à dire ſelon Saint Chryſoſtome ſur ce lieu : *I'eſtois Roy, ie ne craignois que*
toy ſeul. Et ſelon Saint Hieroſme en l'Epiſtre 6. à Ruſticus : *I'eſtois Roy, & n'en crai-*
gnois point d'autre que Dieu. Et en la 22. à Eu-
ſtochium ; *Dauid penitent parle ainſi à Dieu,*
I'ay peché contre toy ſeul, car il eſtoit Roy, &
ne craignoit nul autre que Dieu. Et Saint Am-
broiſe ſur ce Pſeaume: *Il eſtoit Roy, &*
n'eſtoit tenu à aucunes loix. Parce que les Rois
ne ſont point ſujets a rendre compte de leurs cri-
mes: Et n'y a point de Loy qui les oblige à la pu-
nition, parce que la puiſſance de l'empire les met
à couuert. Il n'auoit donc point peché contre les
hommes,

hommes, ausquels il n'estoit point comptable.
Et Arnobe sur le mesme passage: *Tous ceux*
qui viuent sous les Loix quand ils ont failli, pe-
chent contre Dieu, & contre les Loix du mon-
de. Mais cettui ci; qui comme Roy ne releuoît
de personne que de Dieu seul, ne craignant que
lui seul au dessus de sa puissance, a peché contre
lui seul. Et Otton Euesque de Frisinguen,
à l'Empereur Frideric Enobarbe: *Les Rois*
seuls, comme esleuez au dessus des Loix, sont
reseruez au iugement de Dieu, & ne sont point
retenus par les Loix du siecle, témoin le dire d'vn
Roy & Prophete, C'est contre toy seul que i'ay
peché. Et parmy les noueaux Docteurs
Pierre Martyr, qui a enseigné la Theologie en vostre Royaume, auec vne mer-
ueilleuse reputation, exposant ces mots de
Dauid, 2. Sam. 2. 13. *I'ay peché contre le Sei-*
gneur. Nous pouuons, dit-il, ioindre ces paroles auec ce qu'il dit au Pf. 51. *I'ay peché contre*
toy seul. Non qu'il n'eust peché contre les hommes, mais ce n'estoient pas ses Superieurs pour
le pouuoir iuger. Et entre les Iuifs le Rabbi
Nachman, celebre Interprete de l'Escriture, recueille cela mesme de ce que dit
Dauid au Pf. 17. que *son iugement sort de la*
face de Dieu. Comme s'il disoit que comme Roy, il ne peut auoir que Dieu pour

Iuge. *Car,* dit-il, *nulle crature ne iuge le Roy, mais le seul qui le iuge c'est Dieu benit eternellement.*

X. En outre, veu qu'en vn Royaume le droit du glaiue n'appartient qu'au Roy, ou à ceux à qui le Roy le permet; ie demande par quel droit quelqu'vn ose se seruir du glaiue contre vn Prince Souuerain. A-il ce droit par permission, ou si c'est par vsurpation? S'il dit que c'est par permission, ie demanderay encore qui lui a donné cette permission. Est-ce le Prince, ou si c'est quelqu'autre? S'il respond que c'est le Prince, il se rendra ridicule; car il n'est pas croyable que le Prince permette à personne de se seruir du glaiue contre luy-mesme. Il est vray que Trajan baillant l'espée au Capitaine de ses Gardes, luy dit: *Prend cette espée pour t'en seruir pour moy, si ie commande bien, & contre moy si ie commande mal.* Mais c'estoit vne hyperbole qui emportoit simplement qu'il auoit vn grand dessein d'estre bon Prince. Car s'il eust donné en effet au Capitaine de ses Gardes le droit de se seruir de l'espée contre lui-mesme, il se fust dépouillé par là de l'Empire, & eust renoncé au droit du glaiue pour le transporter à

vn autre. Ce qui eſt meſme impoſſible ſelon les Docteurs Talmudiques, qui diſent
au Traitté *Sanhedrin. Si le Maiſtre renonce à
l'honneur qui lui eſt deu, la renonciation tiendra : Mais ſi le Roy penſe renoncer à l'honneur
qui lui eſt deu, la renonciation ne tiendra point.*
Parce qu'eſtant vne perſonne publique,
l'affront qui lui ſeroit fait ne le toucheroit
pas ſeul, mais intereſſeroit tout l'Eſtat. Ce
qui a fait dire à quelques Politiques, qu'il
n'eſt point permis de reſiſter au Roy qu'en
vn ſeul cas ; à ſçauoir, s'il vouloit quitter
ſon Royaume pour l'aſſujettir à vn autre.
A quoy ſe rapporte ce que dit Seneque,
*Qu'encore qu'il faille obeïr à ſon pere en tout
& partout, ſi eſt-ce qu'il ne lui faut pas obeïr
en ce qui l'empeſcheroit d'eſtre pere ;* Pourtant
quelque puiſſance qu'vn Prince puiſſe con-
ferer à vn autre, il demeure touſiours ſu-
perieur. Ainſi Pharao, ayant eſtabli Ioſeph ſur toute l'Egypte, eſt toutesfois le
plus grand à cauſe du Thrône. Si bien
qu'ici ſe peuuent appliquer ces paroles de
l'Apoſtre, 1. Cor. 15. 27. *Quand il dit que
toutes choſes lui ſont aſſuietties, il appert
que c'eſt reſerué celui qui lui a aſſuietti toutes
choſes.*

XI. Il faut auſſi ſe repreſenter quels

font les biens que Dieu nous confere par l'entremife des Rois, & que ce n'eft pas fans grand fujet qu'au Vieil Teftament ils font nommez [a] *munifiques*, & [b] *bien-fai-* cteurs au Nouueau. Car *le Prince eft* [c] *Mi- niftre de Dieu pour ton bien. Veux-tu* [d] *ne point craindre la puiffance, fay bien, & tu receuras loüange d'icelle* ; Car le Roy eftablit les Gouuerneurs [e] *pour la loüange de ceux qui font bien.* Et c'eft vie [f] *que le vifage ferain du Roy, & fa bien veillance eft comme la nuée, portant la pluye de l'arriere faifon, Et fa faueur* [g] *eft comme la rofée fur l'herbe.* Et le Roy *feant* [h] *fur le Throne de fon iugement diffipe tout mal par fon regard.* Le Roy [i] *eft le fouf- fle de nos narines, & nous viuons fous fon om- bre parmi les peuples.* Lui mefme eft [k] *no- ftre bouclier, & nos* [l] *inftrumens de guerre, &* [m] *nous auons paix en fa paix. Nous fommes en affeurance* [a] *tandis qu'il veille lui feul.* Et me- nons [b] *vne vie tranquille, & paifible auec toute pieté & honefteté.* D'où vient qu'il eft dit fi fouuent au Liure des Iuges, que ceux d'Ifraël s'abandonnoient à malfaire, [c] par- ce que n'y ayant point de Roy en Ifraël, chacun faifoit ce qui eftoit droit deuant fes yeux. C'eft pourquoy Salomon s'eftonne de ce que les [d] fauterelles marchent en ordre n'ayãs

נדיבים

Iob.34.18.
Pro.8.16. &
19.6.
b εὐεργέται
Luc 22.25.
c *Rom 13 4.*
d *Rom.13.3.*
e *1.Pet.2.14.*
f *Pro.16.15.*

g *Pro.19.2.*
h *Pro.20.8.*
i *Lam.4.20*

k *Pf.89.10.*
l *2.Sam.1. 27.*
m *Ierem.29. 7.*
a *Plutarq. Apoph- thegm.*
b *1.Tim.2.2.*
c *Iud.17 16. & 18.1.& 19.1.& 21. 25.*
d *Prou.30. 27.*

point de Roy. Somme qu'vn bon Roy en vn peuple fidele est ᵃ *vne lumiere deuant Dieu en Ierusalem, Et* ᵇ *la lampe d'Israël s'esteind* en sa mort. De sorte qu'il vaudroit mieux ᶜ *que la moitié du peuple perist.* Car le Roy seul ᵈ *en vaut dix mille.* De là vient que Dieu nous commande ᵉ de le prier pour les Rois, & de lui offrir pour eux ᶠ *des requestes, prieres, supplications, & actions de graces.* Et que parmi les cris de ioye se meslent ces souhaits de leurs peuples, ᵍ *Viue le Roy,* ʰ *Viue le Roy Salomon,* ⁱ *ô Roy, vy eternellement.* Et que la vie du Roy Saül ᵏ *fut chere & precieuse à Dauid,* encore que ce Saül fust méchant, & ennemi de Dauid, & que mesme Dieu l'eust rejetté.

XII. Mais comme en l'Arche ᵃ la verge fut mise auec la cruche pleine de manne, Ainsi à ces mesmes Rois par qui Dieu nous fait tant de biens, Dieu a donné la verge à la main, voire ᵇ *vne verge de fer, pour froisser, & briser les rebelles comme le vaisseau d'vn potier.* C'est pourquoy Saint Paul dit du Prince; ᶜ *Si tu fais mal crain, car il ne porte point l'espée sans cause. Car il est Ministre de Dieu pour faire iustice en ire de ceux qui font mal.* Et Saint Pierre, qu'il enuoye les Gouuerneurs, ᵈ *pour la vangeance des*

a 1.Reg.11. 36.
b 2.Sam 21. 17.
c 2.Sam.18. 10.
d Ibid.
e Ierem.29. 7.
f 1.Tim.2 2.
g 1.Sam. 10 24.
h 2.Reg 1. 11. & 1. Reg.1.14 39
l Dan 2.4. & 3.9. & 5. 10. & 6.6.
k 1 Sam.26. 21.24.

a Er.9.4.

b Ps.2.9.

c Rom.13 4.

d 1.Pet.2.14

malfaicteurs. Et Salomon, [e] que *le sage Roy dissipe les meschans, & fait tourner la rouë sur eux.* A sçauoir pour les escraser, comme le grain en Esaye, [f] qu'on escrase auec la rouë, & pour les froisser comme Dauid [g] fit les Ammonites, & ceux de Damas [h] les Galaadites. C'est pourquoy il est dit, Pro. 16.14. que *la colere du Roy est comme les Anges de mort.* C'est à dire, qu'elle est aussi à craindre que l'espée de ces Anges dont Dieu se sert pour punir les hommes, que Dauid appelle [i] *Anges de maux.* Et Prou.20. 2. que *la colere du Roy est comme le rugissement d'vn ieune lyon, & que celui qui l'irrite peche contre soi-mesme.* Qui est ce que dit S. Paul, Rom.13.2. que *ceux qui resistent à la puissance emportent condamnation contre eux-mesmes.* Et cette condamnation est à craindre tant de la part de Dieu que des hommes, suiuant la menaçe de Salomon, Prou.24.21. 22. *Mon fils, crain Dieu & le Roy, & ne te mesle point auec les gens remuans. Car leur calamité suruiendra soudain; Et qui est-ce qui sçait le temps de la froissure de l'vn & de l'autre,* c'est à dire, de la vengeance qui les doit surprendre, tant de la part de Dieu que du Roy. Et pource que ce temps nous est inconnu, quiconque se sent coupable

du crime de rebellion fera bien de se retirer de bonne heure , *& de ne point persister
en chose mauuaise.*, Ecclef. 8. 2. & de preuenir la ruine qui le menace par vne prom-
pte repentance. Il est vray que la punition
des rebelles est quelquesfois differée pour
des causes qui nous sont inconnuës; Et que
quelque ombre de succez semble flatter
pour vn peu de temps ceux qui couuent de
meschans desseins. Mais si est-ce qu'à la
fin Dieu s'éueille , & recompense la tardi-
uité de ses iugemens par la pesanteur : Et
en est comme des canons qui marchent
lentement , mais battent furieusement.

Que si on s'arreste aux exemples , qui
sont de grand poids en cette matiere , ie
n'allegueray point icy ceux qui se trouuent en grand nombre dans les Escriuains
profanes. Comme ce que remarque Sue-
tone de ceux par qui fut tué Cesar , *qu'à
peine s'en trouue-il vn seul qui ait suruécu trois
ans , ou qui soit mort en son lict , & qu'ayans
esté tous condamnez , ils perirent par diuers ac-
cidens , l'vn par naufrage , & l'autre au combat , & que tel se tua du mesme poignard dont
il auoit tué l'Empereur.* Ie n'insisteray non
plus sur les exemples que l'Escriture nous
cotte des peuples Estrangers, & autres que

Iuifs.   Comme ce que nous apprenons tant de l'Histoire sacrée, que de Berose Chaldeen, que ceux qui tuerent Sennacherib, descheurent par leur parricide, du droit de succeder au Royaume, & prirent la fuite en Armenie, ou bannis de leur pays, & priuez des delices de leur nation, ils menerent vne vie languissante, & miserable parmy les Barbares. Et ce qui est dit au Liure d'Ester de ces deux Eunuques qui furent pendus pour vne conjuration faite par eux contre Assuerus, & descouuert par Mardochée. Ie passe de mesme les seditions qu'esmeurent les Iuifs auant que d'auoir des Rois, & que Coré, Dathan, & Abiram, furent engloutis tous vifs sous la terre, pour s'estre esleuez contre Moyse, Num. 16. 32. Et qu'Abimelec, ayant entrepris de changer l'Estat de la Republique, au plus fort de ses victoires, fut assommé d'vne pierre par vne femme, & ainsi perit d'vne mort honteuse, Iud. 9. 53.   Aussi ne m'arresteray-ie point à faire voir que les Iuifs ont toûjours mal reüssi en leurs reuoltes contre les Rois & Magistrats estrangers; Et qu'Osée fut mené captif par Salmanassar, auec tous ceux d'Israël, pour auoir fait ligue

2. Reg 17 37.
Es 37. 38.
Ioseph. Antiq lib. 10.
cap. 2.

Ester. 2. 21.

contre Aſſyrie, auec les Egyptiens. Et que
Ioachim, & Sedecias, ayans voulu ſecouër
le ioug du Roy Nabucadnetſar , furent
trãſportez en Babylone, liez de chaiſnes de
fer , & qu'on creua les yeux à Sedecias
apres l'auoir rendu ſpeɕateur du meurtre
de ſes enfans. Et que ceux qui s'enfuirent
en Egypte apres auoir tué Godolias Lieu-
tenant du Roy furent conſumés par l'épée,
par la peſte,& par la famine. Et que certains
Galileẽs ayans penſé mouuoir ſedition, Pilate meſla leur ſang auec celuy de leurs ſa-
crifices, Luc 13.1. Et que le chef de leur ligue
ayant tiré gros peuple apres ſoy és iours *Ioſeph. An-*
de la deſcription , ſous pretexte que les *tiq 18.1.*
Romains les enrooloient pour les rendre *Act. 5.37.*
eſclaues, perit auſſi malheureuſement, &
que tous ceux qui l'auoient ſuiui furent eſpars ça & là. Et que l'enchanteur Theu- *Ioſeph. An-*
das, ayant perſuadé à quatre cens hom- *tiq. 20.1.*
mes qui l'auoient ſuiui au deſert qu'il fen- *Act. 5.36.*
droit les eaux du Iourdain pour leur don-
ner moyen d'euader , fut accablé auec
tous les ſiens dés la naiſſance de ſa rebellion par le gouuerneur Cuſpius Fadus. Et *Ioſeph. de Bel.*
que ce faux Prophete d'Egypte , lequel *Iud. lib. 9. c.*
auec vne troupe premierement de quatre *1. 2.*
Act. 2L 38.
mille , & puis de trente mille brigan-

deaux auoit attaqué Ierusalem du costé du mont des Oliues, fut repoussé par Felix, & entierement defait, & s'enfuit auec peu de gens, plusieurs de ses complices ayans porté la peine que meritoit leur temerité.

Laissant, dis-je, tous ces exemples, ie me contenteray de monstrer comment il en à pris à ceux qui se sont sousleués contre les Rois de Iudée, ou qui ont attenté sur leur vie. Et dés l'entrée s'offre Achitophel, qui s'estant ligué auec Absalom se pendit par desespoir comme il preuit le mauuais succés de leur entreprise. Et Absalom luy mesme qui prenant la fuite, apres auoir perdu vingt mille des siens demeura embarrassé & accroché par ses beaux cheueux aux arbres d'vne forest, & en cet estat Ioab le tua sans qu'il peust rendre aucun combat. Et Seba fils de Bicri ayant osé leuer la main & sonner la trompette contre Dauid, ceux d'Abel où il s'estoit retiré se voyans assiegés par Ioab, luy couperent la teste & la ietterent à Ioab du haut des murailles. Et les cheueux de ce Simei qui auoit maudit Dauid descendirent par mort violente dans le sepulchre. Et les parricides du Roy Isbos-

2. *Sam.* 17.
23.

Ibid. 18. 7.

2. *Sam.* 20. 1.
21.

1. *Reg.* 2. 8. 9.

2. *Sam.* 4. 12.

çeth furent mis à mort par le iugement de ce mesme Dauid duquel ils auoient esperé le salaire de leur crime. Et Abner ayant trahi son Roy, fut tué peu de temps apres par vne semblable trahison. Et Adonias & Ioab perirent de mesme, pour auoir conspiré contre Salomon. Et Abiathar qui auoit part au crime fut deposé de sa Sacrificature apres tant de seruices rendus à Dauid, pour lesquels Salomon luy sauua la vie.

Tout cecy iusqu'à Salomon, lequel s'estant souille d'Idolatrie en sa vieillesse, pour punition de ce crime son Royaume fut deschiré sous le regne de son fils Roboam. Et y eut de là en auant deux Royaumes du peuple des Iuifs, l'vn de Iuda en Ierusalem, où les descendans de Dauid ne regnoient plus que sur deux Tribus, assauoir Iuda & Benjamin. Et l'autre d'Israël en Tirsa ou en Samarie, auquel Royaume appartenoient les dix autres Tribus reuoltées. Et dans le Royaume de Iuda, qui dura pres de quatre cents ans depuis la mort de Salomon iusqu'à la captiuité de Babylone, il n'y a eu que trois Rois tués par la conspiration de leurs sujets, Ioas, Amasias & Amon. Mais com-

2. Sam. 3. 27.

1. Reg. 2. 26.

me Moyſe remarque que celuy qui auoit
blaſphemé contre le nom de l'Eternel
eſtoit d'vne race meſtiue, & que ſa mere
eſtoit Iuiſue, mais ſon pere Egyptien,
comme n'eſtant pas croyable qu'vn crime
ſi execrable euſt pû tomber en la penſée
d'vn homme Iuif de pere & de mere: Ainſi
Eſdras cotte que les deux qui tuerent le
Roy Ioas, & donnerent le premier exemple à ceux de Iuda de tels parricides,
eſtoient iſſus d'vn pareil mariage ; Car
leurs peres eſtoient Iuiſs, mais la mere de
l'vn eſtoit Ammonite, & celle de l'autre
Moabite. Et ceux-cy n'eſchaperent pas la
peine deuë à leur crime. Car Amaſias fils
de Ioas les fit mettre à mort auſſi toſt que
le Royaume fut affermi entre ſes mains.
Mais l'hiſtoire ne marque point ce qui ad-
uint de ceux qui par vn ſemblable attentat tuerent Amaſias en la ville de Laxis.
Et ſemble qu'ils ſe ſoient ſauués, parce
que Ozias fils d'Amaſias eſtoit ieune &
quaſi enfant : meſme les Chronologues
prouuent par des raiſons neceſſaires tirées
du tiſſu des années, qu'entre Amaſias &
Ozias il y eut vn interregne d'onze ans.
S'eſtant donc paſſé quelques années ſans
qu'il y eut de Roy en Iuda, pendant cét in-

Leuit. 24: 10.
11.

2. Paral. 24.
26.

terualle de tẽps on pût relafcher quelque
chofe de la rigueur , & vigueur des loix.
Car,comme il a efté remarqué, *quãd il n'y*
auoit point de Roy en Ifraël chacun faifoit ce Mich.1.13.
qui eftoit droit deuant fes yeux. Mais voici
dequoy ceux de Lakis , complices & poffi-
ble autheurs de cefte mefchante confpiration , font menacés par Michée, qui Pro-
phetizoit fous Iotham fils d'Ozias : *Attele* Mich. 1. 13.
au genet le chariot , habitante de Lakis , toy qui
és le commencement du peché de la fille de Sion.
Car en toy ont efté trouuées les reuoltes de ceux
*d'Ifraël.*C'eft à dire, tu as beau fuir , tu n'é-
chaperas point : car tu n'as point eu pitié
de toñ Roy qui s'eftoit venu refugier dans
tes murailles. Tu as trempé en la ligue de
ceux de Ierufalem contre luy , tu as mefme fait le pas deuant : Et és coulpable des
mefmes reuoltes que ceux d'Ifraël , qui fe
font foufleués contre la maifon de Dauid.
Et cefte prophetie ne s'accomplit qu'enui-
ron cent ans apres le parricide d'Amafias.
Mais il s'en vit de terribles effects lors que 2. Reg. 18.
cefte ville fut affiegée, prife , pillée , & 14.
faccagée par les troupes de Sennacherib. 2. Par. 32. 9.
Refte Amon fils de Manaffé, lequel ayant Ef. 36. 2.
efté corrompu par les idolatres, fut maffa- 2. Reg 21.
cré par eux mefmes dans le Palais Royal 23. 24. &
22. 1.
2. Par. 32. 24.
25. & 34. 1.

la seconde année de son Royaume. Mais
le peuple ayant ce crime en horreur fit
mourir tous les coulpables, & mit sur le
Throne en sa place son fils Iosias, dont le
regne fut long & heureux. C'est tout ce
qu'on trouue de conspirations faites contre les Rois de Iuda pendant l'espace de
quatre cents ans.

Mais dans le Royaume d'Israël, qui n'en
dura que deux cents cinquante selon Eu-
sebe, ou peu dauantage, les exemples de
tels parricides ont esté beaucoup plus fre-
quents. Car Nadab qui succeda à son pere Ieroboam premier autheur de la reuolte, n'ayant regné que deux ans, Bahasa
luy fit la guerre, comme il assiegeoit
Guibbethon ville des Philistins, & le de-
fit, & le fit mourir auec tous ceux de sa famille, & ainsi s'empara du Royaume.
Mais la punition fut pareille au crime.
Car à Bahaza succeda son fils Ela, comme Nadab auoit succedé à son pere Ieroboam. Et Ela fut tué par Zamri comme
Nadab par Bahaza : L'vn & l'autre la seconde année de son regne, l'vn & l'autre
auec toute sa famille, l'vn & l'autre ad-
uerti par vn Prophete. Car comme le Prophete Ahias auoit predit à Ieroboam pere

de Nadab la ruine de toute sa famille, ainsi
vn autre Prophete nommé Iehu auoit ad-
uerti Bahaza pere d'Ela que toute sa maison seroit destruite comme celle de Ieroboam, *mesme pource qu'il l'auoit frapée*, 1.
Reg. 16.7. C'est à dire, par vengeance du
crime commis contre la maison de Ieroboam, qui meritoit bien d'estre extermi-
née : Mais Bahaza qui en fut le bourreau,
estoit aussi digne d'vn pareil supplice. Sui-
uit Zamri, non moins coulpable que les
precedens, qui ne iouit pas long-temps
du fruit de son crime. Car Homri l'ayant
assiegé & reduit à l'extremité, il mit le feu
au Palais Royal, & ainsi se brusla soy mesme auec tous les siens le septiesme iour de
son Royaume. D'où vient ceste exclama-
tion de Iezabel, 2. Reg. 9. 31. *En est il bien
pris à Zamri qui tua son Seigneur*. En suite
Homri fut quatre ans en debat auec Tibni
de la Royauté, lequel vaincu, il laissa le
Royaume à son fils Achab. Et Achab
ayant esté tué en vne bataille, à son fils
Ochozias. Lequel s'estant blessé d'vne
cheute tomba en vne maladie mortelle, &
eut pour successeur son frere Ioram. Qui
est celuy que massacra Iehu en la vallée de
Iizrehel, auec sa mere Iezabel, ses septan-

te freres, Ochozias Roy de Iuda son cou-
sin, quarante deux autres de sa parenté, &
tous ses principaux amis. Afin que fust ac-
compli ce dont Dieu auoit menacé par
Elie le meschant Achab, 1. Reg. 21 22.
Ie mettray ta maison en tel estat que i'ay mis
celle de Ieroboam fils de Nebat, & celle de Ba-
haza fils d'Abija. En quoy Iehu ayant
obei au commandement de Dieu, si ne
fut-il pas exempt de faute. Car il ne garda
pas mesure en l'execution de ses iugemens, & agit par des mouuemens humains ou plustost inhumains, n'estant pas
tant emeu du zele de Dieu, comme il le
vouloit faire croire, que de cruauté, d'aua-
rice, d'ambition & d'appetit de dominer.
Dequoy Dieu irrité à bon droit, luy de-
nonça par la bouche du Prophete Osée
Os. 1. 4. qu'*il visiteroit le sang de Iosrehel sur la mai-*
son de Iehu. Cependant pource que Dieu
auoit promis que la posterité regneroit
iusqu'à la quatriesme generation, il diffe-
ra la punition iusqu'à Zacharie arriere-fils
de Iehu, que Sallum tua & s'empara du
Royaume. Mais ce Sallum n'ayant regné
qu'vn mois fut tué par Menahem qui prit
sa place : Et Pekachia fils & successeur de
ce Menahem par Pekach, & Pekach par
Osée

Ofée, qui fut le dernier en cefte lifte de bri-
gands pluftoft que vrais Rois. Car apres
que cet Ofée eut ferui quelques années à
Salmanaffar, il fut defpoüillé de fon
Royaume pour auoir fait ligue auec 50.
Roys d'Egypte, & mené captif en Affyrie
auec les dix Tribus d'Ifraël qui n'en font
iamais reuenues. Et tel fut le dernier acte
de la tragedie.

Ainfi paroift-il que comme la reuolte
de Ieroboam auoit donné à ce Royaume
vn mal-heureux commencement, auffi
s'eft il continué par des guerres perpe-
tuelles de cruels tyrans qui fe fupplan-
toient l'vn l'autre, & ne fuccedoient l'vn
à l'autre que par parricides, chacun d'eux
fe feruant du corps de fon predeceffeur
comme de marchepied pour monter au
Thrône. Comme fous le Paganifme ^{*Strab. l. 5*}
perfonne ne paruenoit au Sacerdoce de
Diane Aricine qu'en tuant celuy qui en
iouïffoit. Ou comme entre les Romains
Cefar ayant deffait Pompée fut tué par
Brutus & Caffius, & eux par Augufte. Et
Galba fut fupplanté par Othon, Othon
par Vitellius, Vitellius par Vefpafian. C'eft
pourquoy dit Iofephe des Rois d'Ifraël, *Antiq. lib. 8.*
qu'ils s'entretuoyent tous par la permiffion de cap. 7.

F

*Dieu sans laisser vn seul de reste de la famille
du predecesseur.* Et Ahias pour mesme raison accompare ceux d'Israël à vn roseau
qui se demeine en l'eau, & s'esbranle à
tous les vents. Parce qu'entre tant de Rois
de diuerses tribus & familles leurs esprits
estoient tousiours flottans, & ne sçauoient
à quoy s'arrester. Et 2. Chron. 15. 5. l'e-
stat de ceux d'Israël apres ceste reuolte
nous est ainsi representé; *Lors il n'y auoit
point de paix pour les allans ni pour les venans,
d'autant qu'il y auoit grand trouble parmi tous
les habitans du païs : Car vne nation estoit fou-
lée par l'autre, & vne ville par l'autre, parce
que Dieu les auoit troublés par toute sorte d'an-
goisse.*

Et tel fut le fruit de la reuolte de Ieroboam, à qui les dix Tribus d'Israël trans-
porterent le Royaume, apres auoir mes-
chamment secoué le joug de Roboam fils
de Dauid, leur vray & legitime Roy. Dequoy Dieu les tanse rudement par ces paroles du Prophete Osée: *Israël a delaissé le
bien, l'ennemi le poursuiura : ils ont fait regner, & non pas de par moy : ils ont establi vn
Prince, & ie n'en ay rien sceu.* C'est à dire,
sans me consulter, & sans auoir mon ap-
probation. Car il est dit, que Dieu ne sçait

pas les choſes qu'il n'approuue pas, Lam.
3. 56. & Matth. 7. 23. Auſſi eſt-ce vne des
cauſes de la rejection de ceux d'Iſraël, 2.
Reg. 17. 20. 21. *L'Eternel eut a deſdain tou-*
te la race d'Iſraël, & les affligea, & les liura
entre les mains de ceux qui les pilloyent, tant
qu'il les euſt rejettés de deuant ſa face. D'autant
qu'Iſraël ſe ſepara de la maiſon de Dauid, &
eſtablirent Roy Ieroboam fils de Nebat. Et ce
fut la ſource de tous leurs maux, pource
que le changement de la religion ſuiuit
celuy du gouuernement. Car apres s'e-
ſtre reuoltés contre la maiſon de Dauid,
ils ſe reuolterent auſſi contre Dieu, & ſe
firent des veaux en Dan & Bethel : Et depuis n'eurent iamais de paix aſſeurée. Car
Ieroboam luy meſme fut en guerre con-
tinuelle auec Roboam, 1. Reg. 14. 30. Et
auec ſon fils Abia, lequel ayant donné
bataille à ceux d'Iſraël qui eſtoient en
nombre beaucoup plus grand, eut neantmoins tel aduantage ſur eux qu'il en demeura ſur la place iuſqu'à cinq cens mille,
2. Par. 13. 17. Et l'experience fit voir tant
à l'autheur de ceſte reuolte qu'à la plus part
de ſes ſucceſſeurs la verité de ce que dit
le Poëte.

Le bien mal acquis point ne paſſe

Iusques à la troisiesme race.

On me dira que Dieu luy mesme auoit incité Ieroboam à ceste reuolte. Car le Prophete Ahija deschirant sa robe en douze pieces luy auoit dit de par le Seigneur, 1. Reg. 11. 31. *Prens en pour toy douze pieces. Car ainsi a dit le Seigneur le Dieu d'Israël, ie m'en vay deschirer le Royaume d'entre les mains de ceux d'Israël, & ie t'en donneray dix Tribus.* Et au vers. 37. *Ie te prendray, dont tu regneras sur tout ce que ton ame souhaitera, & seras Roy sur Israël.* Et 1. Reg. 14. 7. 8. ce mesme Ahias parle ainsi à la femme de Ieroboam : *Va & dy à Ieroboam; Ainsi a dit l'Eternel le Dieu d'Israël: Ie t'ay esleué d'entre le peuple, & i'ay establi conducteur de mon peuple Israël, & ay deschiré le Royaume de la maison de Dauid, & te l'ay donné.* C'est pourquoy il est dit au Chap. 12. vers. 15. & 24. que *cela estoit de par l'Eternel.* Ie respon que de vray cela se fit par le conseil arresté de Dieu, qui a puni iustement le peché de Salomon, mais par vn autre peché. Car ce fut crime à Ieroboam de n'auoir pas attendu comme Dauid que Dieu luy mist entre-mains le Royaume qu'il luy auoit promis; mais de l'auoir enuahi par force, & puis l'auoir

tres mal gouuerné. Ce fut aussi crime au
peuple, qui ne sçauoit pas le conseil de
Dieu, de s'estre sousleué contre ceux de la
maison de Dauid, & d'auoir despoüillé
du Royaume le vray & legitime heritier,
pour le donner à vn autre qui n'y auoit
nulle sorte de droit. Ainsi auons nous
monstré qu'au sousleuement de Iehu il y
auoit aussi du crime, quoy qu'il eust Dieu
pour autheur. Tant s'enfaut donc que
tels exemples soient fauorables à ceux
qui secoüent le joug de leurs Rois qu'ils se
peuuent retorquer contre eux. Car si Ieroboam & Iehu, quoy qu'authorisés de
Dieu, n'ont pû s'exempter de crime en
s'emparant des Royaumes d'autruy ; combien ceux-là sont ils plus coulpables qui
font le mesme sans commandement, voire contre la defense expresse de Dieu ?

Opposés maintenant à ces exemples de
rebellion pris des dix Tribus d'Israël, la fidelité perpetuelle des Tribus de Iuda & de
Benjamin enuers les descendans de Dauid, que Dieu a amplement salariez. Car
le Royaume de Iuda a duré beaucoup
plus long-temps, & n'a point esté sujet
aux troubles qui viennent des change-
mens de loix & de Rois : Qui est vn des

fleaux dont Dieu fe fert pour la punition
des pechés, comme dit le Sage, Prou. 28.
2. *Il y a plufieurs gouuerneurs à caufe des pe-*
chés du païs. Et au lieu que les dix Tribus
d'Ifraël font peries en Affyrie, où elles furent menées par Salmanaffar, & n'en eft
refté nulle trace ; Dieu a fait remonter
les deux Tribus de Iuda & de Benjamin de
la captiuité de Babylone, & depuis les a
conferuées nombre de fiecles dans le païs
de Chanaan. Le principal eft que la vraye
religion qui s'eftoit corrompuë en Ifraël,
eft demeurée en fon entier en Iuda. Que
fi mefme ceux de Iuda fe font reuoltés depuis Iefus-Chrift, nous aprenons de Sainct
Paul que leur reuolte ne fera pas perpetuelle , & qu'apres que la plenitude des
Gentils fera entrée , ils feront auffi tous
fauués.   Et faut recognoiftre vne Prouidence de Dieu fpeciale, en ce qu'apres vne
fi longue difperfion , & tant de trauaux
foufferts, ils demeurent encore feparés de
loix & couftumes du refte des peuples, &
monftrent l'hiftoire de leur origine depuis
la creation du monde.

Ainfi a efté gardée à Dauid & à fes def-
cendans la mefme fidelité qu'il auoit gardée à Saül. Ce qui merite d'eftre confide-

ré auec plus de foin , comme feruant à
noftre propos.   Car fi on peut auoir quelque droit de faire le procés à vn Roy,
pourquoy non auffi a Saül, qui s'eftoit re-
uolté deux fois contre Dieu , & auoit fait
paffer au fil de l'efpée vne ville de Sacrificateurs, & raui la femme de Dauid pour
la bailler à vn autre , & pourfuiuoit à
mort Dauid innocent, & apres tant de fer-
uices fignalés rendus à l'eftat ? Et à qui appartenoit ce droit pluftoft qu'à Dauid que
Dieu auoit efleu & Oint & Sacré pour regner fur Ifraël ? Dauid cependant , qui
eftoit Prophete & homme felon le cœur
de Dieu, en a iugé tout autrement , comme l'attefte l'hiftoire facrée. Saül le cer-
chant par les deferts, entra feul pour cou-
urir fes pieds, c'eft à dire, pour fes neceffi-
tés, dans vne cauerne où il eftoit caché. Et
Dauid le trouuant en cet eftat le pouuoit
tuer auffi aifement que Macrinus fit Cara-
calla. Et ne fembloit pas qu'il deuft omet-
tre vne fi belle occafion de fe deffaire de
fon ennemi. Veu mefme qu'il fe voyoit
preffé & quafi forcé par fes foldats , qui
luy ramenteuoient vne promeffe Prophe-
tique que Dieu auoit faite à Dauid de luy
liurer fon ennemi, pour en faire à fa vo-

F iiij

lonté.   Laquelle promeſſe eſtant lors aç-
complie, ils s'eſcrioyent tous d'vne voix.

Hom. Pliad.
3. v. 65.

Quand la grace de Dieu du ciel nous eſt
offerte,

Il faut pour receuoir que la main ſoit ouuerte.
Mais, Dauid ſans s'eſmouuoir, les diſ-
ſuade par graues remonſtrances de rien
entreprendre contre Saül. *Ia ne m'aduien-*
ne, dit-il, *que ie face cela à mon Seigneur qui*
eſt l'Oint de l'Eternel, & que i'eſtende ma main
ſur luy, veu qu'il eſt l'Oint de l'Eternel. C'eſt
à dire, vn homme que Dieu a mis à part
pour vne charge ſacrée & quaſi diuine,
de laquelle ſi quelcun abuſe auec inſo-
lence, comme Saül & ſes ſemblables, ſi
eſt-ce qu'en qualité de Roy il doit eſtre
tenu pour exempt de toutes les peines ciuiles, & reſerué au iugement de Dieu
ſeul.   Car il a eſté monſtré que c'eſt en ce
ſens que les Rois ſont nommés Oints, &
non à cauſe de l'Onction exterieure. C'eſt
pourquoy Ioſeph Hiſtorien Iuif, ſans
parler de l'Onction, dit ſimplement que
Dauid s'abſtint de tuer Saül, parce qu'il
le recognoiſſoit pour Seigneur & pour
Roy. Voici ſes paroles : *Il dit que c'eſtoit*
choſe inique de tuer ſon propre Seigneur, &
meſme celuy que Dieu auoit eſleué à la dignité

Royale. Et plus bas : *Il dit que c'estoit chose horrible de tuer vn Roy estably de Dieu, encore qu'il fust meschant, & qu'il seroit puny en son temps par celui qui lui auoit donné l'Empire.* Et Saint Chrysostome de mesme en la premiere Homilie de Saül, & de Dauid: *Que m'allegues-tu,* dit-il, *Qu'il est meschant, & scelerat, & soüillé de mille sortes de crimes, & qu'il a resolu de nous perdre? Mais il est Roy.*

Il y en a qui soustiennent qu'il estoit permis à Dauid de se défaire de Saül; mais qu'il s'en voulut abstenir expres pour releuer la dignité Royale, dont il deuoit bien-tost heriter. C'est l'opinion de quelques Ebreux, comme de R. Leui. Et se peut recueillir que Ioseph estoit de ce mesme aduis, de ce qu'il fait dire à Dauid : *Ie me suis abstenu d'vne iuste vengeance* : Comme s'il eust eu droit de tuer ce Roy, qui le poursuiuoit iniustement. Mais les paroles de Dauid lui-mesme emportêt toute autre chose, à sçauoir, que Dauid eut eu horreur de tuer Saül, parce qu'il tenoit que c'estoit chose tout à fait illicite & impie. *Ia ne m'aduiëne,* dit-il, *de par l'Eternel:* Ou pour approcher de plus pres de la force de l'original; *Chose profane de par l'Eternel,* à sçauoir,

me soit imputée; c'est à dire, que ie passe pour
profane & meschant, & pour coupable
d'auoir profané les choses les plus sacrées,
si ie fay rien de semblable. A quoy sert encore ce qu'il appelle Saül son Seigneur, &
Oint du Seigneur, pour retenir les siens
en leur deuoir par ces deux scrupules. Et
ce que s'excusant enuers Saül: *Que l'im-*
pieté, dit-il, *vienne des meschans*, qui est dire, que c'est chose impie que d'attenter
sur la vie des Rois. Mesme il eut du re-
mors d'auoir couppé le bord du manteau
Royal, parce que c'estoit vne espece d'in-
iure faite à la personne du Roy, quoy
qu'il l'eust fait à bonne intention, & pour
appaiser sa colere, & luy faire voir son in-
nocence. Aussi les Ebreux tiennent-ils,
que ce fut à Dauid vn attentat, & qu'il ne
demeura pas impuny, & que ce qu'en sa
vieillesse ses habits ne l'eschauffoient
point; ce fut vne incommodité de laquelle Dieu l'affligea, pour le punir de ce qu'en
sa ieunesse il auoit couppé le manteau du
Roy. Sur tout est à remarquer, que Dauid ayant vne autrefois rencontré Saül,
dormant profondement dans son taber-
nacle, comme Abisçay le pressoit de luy
permettre qu'il le deffist d'vn ennemy ca-

1. *Reg.* 1. 1.

pital, que Dieu luy auoit liuré par deux fois : Dauid luy fit cette responfe : *Ne le mets point à mort : Car qui eft-ce qui mettra fa main fur l'Oinɛt de l'Eternel, & demeurera innocent ?* Ce qui eftoit dire clairement, que c'eft chofe tout à fait illicite. Et 2. Sam. 2.15. il dit à l'Amalekite qui fe vantoit de luy auoir aydé à fe tuër foy-mefme : *Comment n'as-tu point crain d'aduancer ta main pour tuer l'Oinɛt de l'Eternel ?* Et derechef. *Que ton fang foit fur ta tefte. Car ta bouche a tefmoigné contre toy,* difant, *i'ay tué l'Oinɛt de l'Eternel.* Et auffi toft le fit mourir, nonobftant ce qu'il alleguoit pour fa défenfe, que ce qu'il en auoit fait, c'eftoit à la priere de Saül luy-mefme. Comme Domitian fit le procez à Epaphrodite Maiftre des Requeftes, parce que le bruit couroit que Neron s'eftoit feruy de luy quand il fe tua. Auffi ne lit-on point qu'en l'armée de Dauid, on ait fait trophée de la mort de Saül, ni qu'on ait ietté des cris de ioye, ni que les foldats fe foient couronnez de fleurs, comme on fait en la mort des tyrans. Il eft vray, que *le iufte s'efiouit quand il void la vengeance, & laue fes pieds au fang du mefchant,* Pf. 58. 11. Et que ce mefme Dauid rendit grace à

Dieu pour la mort de Nabal, 1. Sam. 25.
39. Mais en la mort de Saül, il versa des
larmes bien chaudes, & fit vn champ de
complainte, où par vne adresse singuliere,
il cache ses vices, & n'estale que ses ver-
tus. Et au lieu que Sylla, Marius, An-
toine, & Auguste, ont proscrit tous ceux
qui auoient tesmoigné quelque inclina-
tion pour leurs ennemis; Dauid gratifie
ceux de Iabez, & les remercie de ce qu'ils
s'estoient mis en peril pour deliurer le
corps de Saül d'entre les mains des ennemis, & l'enseuelir, 2. Sam. 2. 5. 6. Et ce fut
par tels moyens qu'il s'esleua au Royaume, & se l'affermit tellement qu'il a de-
meuré plusieurs siecles à ceux de sa posterité.

Apres Saül il y a eu peu de Rois
qui n'ayent commis quelque grand crime. Dauid luy-mesme se sentant coupable d'vn meurtre, & d'vn adultere, ad-
uoüa qu'il meritoit la mort, 2. Sam. 12. 5.
Et encore que Salomon fust le plus sage
de tous les Rois, & de tous les hommes, si
est-ce qu'en sa vieillesse il se soüilla d'vne
idolatrie, qui prit de si fortes racines, que
les autels qu'il auoit consacrez sur le
mont des Oliues, à Astaroth. Kemos, &

Milcom, ont duré iufqu'à Iozias, c'eſt à dire, pres de quatre cens ans. D'où vient que le mont des Oliues, au lieu de *Har Hammiſcha*, c. d. mont de l'huile, fut nommé *Har Hammaſchith*, c. d. mont de corruption, 2. Reg. 23. 13. parce que les hommes s'y corrompoient par idolatrie. Luy-meſme, contre la Loy qui defend au Roy d'auoir pluſieurs femmes, de peur que ſon cœur ne ſe deſtourne, Deut. 17. 17. eut ſept cens femmes, & trois cens concubines, par leſquelles il fut miſerablement ſeduit. Il eſt vray qu'au Liure de ſes Cantiques, il n'eſt parlé que de ſoixante Reynes, & quatre-vingt concubines. Mais de là meſme il ſe recueille qu'il auoit fait ce Cantique auant le temps de ſa vieilleſſe, & que le feu de ſa conuoitiſe, deuint depuis ſept fois plus ardent.

הר המשחה

הר המשאית

Cant. 6. 8.

Mais quelques grands qu'ayent eſté ſes crimes; ſi eſt-ce qu'ils ſont legers au pris de ceux de ſes ſucceſſeurs. Ioram par vne cruauté plus que Scythique tua tous ſes freres, & pluſieurs des principaux d'Iſraël, 2. Par. 21. 4. Ioas fit lapider Zacharie Souuerain Sacrificateur dans le paruis du Temple de Dieu comme il deſtournoit le peuple d'idolatrie, 2. Chron. 24. 20. 21.

Et les Miniſtres de la fureur du Roy lã virent,

Virg. l. 2.
Æneid.

De ſon ſang eſpandu ſoüiller l'Autel ſacré
Que lui-meſme auoit conſacré.

Ioachim fit venir d'Egypte le Prophete Vrie pour le mettre à mort pour auoir prophetizé contre Ieruſalem, par l'inſpiration de Dieu, Ierem. 26. 22. 23. Ozias entra dans le Temple, pour offrir ſur l'Autel des parfums, & faire la charge du Souuerain Sacrificateur. Et ne pùt eſtre déſtourné d'vn deſſein ſi temeraire, tant qu'il ſe vid frappé de lepre par la main de Dieu, 2. Par. 26. 16. Achaz, fit vne image de fonte à Baal, & bruſla ſes fils en l'honneur de Moloch, & ferma les portes du Temple, & briſa tous les vaiſſeaux ſacrez, & fit des autels aux faux Dieux par toutes les ruës de Ieruſalem, 2. Chron. 28. 2. &c. Manaſſé mit dans le Temple au lieu de Sacrificateurs vn tas de bougres, & proſtituez, & changea le lieu de la terre le plus ſacré en vn infame bordel, 2. Reg. 23. 7. Luy meſme ſe proſternoit deuant toute l'armée des Cieux, & vſoit de predictions, & conſideroit les deuins, & l'oracle de l'eſprit de Python, & reſpandit le ſang innocent par toutes les places de la

Ville Royale, 2. Reg. 21. 3. 6. 16. Mefme
fi on en croit les Ebreux, il fit fier le Prophete Efaye ; A quoy l'Apoftre femble
faire allufion, Ebr. 11. 37. Bref, de tant
de Rois qui font iffus de la race de Dauid,
vous n'en trouuerez que cinq qui foient
exempts, d'idolatrie. Et parmy les Rois
des dix Tribus, il n'y a eu aucune exce-
ption. Car ils ont tous adoré les veaux que
Ieroboam auoit dreffez en Dan & Bethel,
& adheré aux Sacrificateurs qu'il auoit
eftablis pour les Diables, 2. Chro. 11. 15. De
plus Achab inftruit par fa femme Iezabel,
fille d'Ethbaal Roy de Sidon , baftit vn
Temple en Samarie à Baal, Dieu des Ty-
riens, & luy affigna quatre cens cinquante Sacrificateurs , & perfecuta les vrais
Propheres à feu & à fang. Ie tay qu'il
fufcita des faux tefmoins contre Naboth,
pour auoir fa vigne, & fa vie. Et que
fon fils confulta Beelzebub. Et que Menahem fit paffer au fil de l'efpée tous les habitans de Thiphfa , & fendit en deux le
ventre des femmes enceintes, fans auoir
receu nulle offenfe, finon qu'on luy ferma
les portes comme il s'approchoit de leurs
murailles, 2. Reg. 15. 17. Et que la plufpart d'entr'eux ne venoient au Royaume

que par violence , & par parricides. Cé-
pendant les Iuifs ont souffert ces mon-
stres, & ne se trouue nulle part que iamais
on les ait assignez à rendre compte de
leurs actions , ny que les Prophetes ayent
tansé les Iuges, de ce qu'ils ne faisoient
pas leur deuoir. Au contraire , on a toûjours chastié ceux qui ont entrepris sur la
vie des Rois, quoy que noircis de crimes
enormes.

Apres auoir allegué tant de témoigna-
ges de l'Escriture , ce seroit chose super-
fluë d'en alleguer aussi des Peres , & le
temps ne le permet pas. Cependant ie ne
puis obmettre vn Canon qui fut dressé au
IV. Concile de Tolede , il y a plus de mille ans : Et voicy par quelle occasion : Il s'e-
stoit glissé vne coustume barbare parmy
les Gots en Espagne , peuples des plus rudes, & qui a esté infecté de l'Arrianisme,
iusques bien pres du septiéme siecle. C'est
qu'ils deposoient , & tuoient leurs Rois
pour des sujets fort legers. L'an 416. le
Roy Ataulphe , en deuisant auec ses
amis familiers, fut estranglé par vn certain Vernulphe : Et Sigeric qui prit sa place , fut tué par les siens. L'an 452. tandis
qu'on saignoit Thorismond malade ,
Theodoric,

Theodoric & Frideric ſes freres, vindrent auec bande l'aſſaillir. Et luy s'eſtant
long-temps defendu auec la lancette du
Chirurgien, ne mourut point qu'apres en
auoir tué pluſieurs.   L'an 466. Euric pour
ſe faire Roy, tua ſon frere Theodoric.
L'an 510. Geſelic ayant eſté battu par Gon-
debaud Roy des Bourguignons, Theodoric luy oſta le Royaume, &Ebbanes la
vie deux ans apres. Et l'an 531. Amalaric
ayant eu mauuais ſuccez en vn combat
pres de Narbonne contre les François,
comme il s'enfuyoit à Barcelonne, ſes
propres ſoldats le tuerent par meſpris.
L'an 542. Theudis bleſſé à mort, par vn
qui faiſoit le fol, requit en mourant tous
les aſſiſtans qu'on n'en fiſt nulle punition:
car, dit-il, ie l'ay bien merité, ayant au-
treſfois tué mon Capitaine par vne pareille trahiſon. L'an 544. les grãds du Royaume tuerent à Seuille en pleine table Theu-
diſcle ſon ſucceſſeur. L'an 553. vn certain
Athanagilde qui aſpiroit à la Royauté
ayant défait le Roy Agila pres de Seuille,
les Gots craignans que les Romains ne
s'emparaſſent d'Eſpagne à l'occaſion de
cette ſedition, tuerent Agila, & mirent
en ſa place Athanagilde. L'an 604. Liuba

G

fils de Recared , Prince de grande efpe-
rance , & en la fleur de fa ieuneffe , fut af-
failly par vn certain Vitteric qui le def-
poüilla de fon Royaume , lui coupa la
main , & puis le tua. Mais l'an 610. ce mefme Vitteric fut tué pendant fon repas, par
la confpiration des fiens. L'an 624. Siçe-
but tres-illuftre Roy , ayant efté empoi-
fonné , & fon fils Recared, ne lui ayant
furuécu que fept mois , fucceda Suintille
homme chetif, & de peu d'effet.   Et les
Gots honteux d'auoir vn tel Roy , fouf-
frirent volontiers que Sifenand lui fuft
fubftitué à l'aide de Dagobert Roy de
France. Ce qui arriua l'an 631. Et l'an 3. de
Sifenand fut tenu à Tolede le Concile,
duquel a efté parlé, que les Efpagnols ont
tenu pour general , parce que tous les
Euefques d'Efpagne , & de la Gaule Nar-
bonnoife y eftoient affemblez iufques au
nombre de foixante & dix. Et y prefidoit
Ifidore de Seuille , homme fçauant pour
le temps , & de grande reputation. Ces
Euefques pour arrefter à l'aduenir la fureur des Gots drefferent vn Canon , qui
eft tel : *Apres auoir fait des decrets touchant*
l'ordre Ecclefiaftique , & la conduitte de quel-
ques particuliers ; Tout ce que nous fommes
d'Euefques , nous propofons de faire , auec l'ai-

dé de Dieu vn decret final pour l'affermiffemẽt
de nos Rois, & de toute la nation des Goths.
Car le bruit eſt qu'il y a pluſieurs peuples d'vn
eſprit ſi deſloyal qu'ils ne tiennent conte de garder la foy promiſe par ſerment à leurs Rois, &
que faiſans ſemblant de iurer de bouche, ils re-
tiennent dans le cœur l'impieté de leur perfidie.
Ils iurent à leurs Rois, & rõpent la foy qu'ils ont
iurées, & ne craignent point ce roolle du iugement		Zach. 5. 2.
de Dieu plein de maledictions, & de menaſſes
contre ceux qui iurent fauſſement par le nom de
Dieu. Et peu apres: Cõment ſera ferme la foy
qu'ils dònnent à leurs ennemis, puis qu'ils ne la
gardent pas à leurs propres Rois? Qui eſt-ce qui
ſeroit ſi enragé que de couper ſa teſte de ſes propres mains; Et ceux cy ſans ſe ſoucier de leur cõ-
ſeruation ſe tuent de leurs propres mains, tour-
nans leurs forces contre eux meſmes & contre
leurs Rois.   Et le Seigneur ayant dit, ne touchez point à mes Oincts; Et Dauid, qui eſtendra ſa main ſur l'Oinct du Seigneur, & ſera
innocent? Ils ne craignent point d'eſtre parjures,
ni de faire perir leurs Rois. Mais on ne viole
pas la foy qui ſe donne aux ennemis. Que ſi
on la garde à la guerre, à l'ennemy, combien
plus aux ſiens? C'eſt vn ſacrilege quand les peuples violent la foy promiſe à leurs Rois, parce
qu'ils ne pechent pas ſeulement contr'eux, mais

G   ij

*außi contre Dieu, au nom duquel se fait la pro-
messe. De là vient, que le courroux du Ciel a
tellement bouleuersé plusieurs Royaumes de la
terre, que l'vn a esté dißipé par l'autre pour
l'impieté de la foy, & des mœurs.* Et plus bas:
*Que si nous voulons éuiter le courroux de Dieu,
& l'obliger à changer en clemence sa seuerité,
retenons la crainte enuers Dieu, & le seruice de
la religion, & gardons enuers nos Princes la
foy que nous auons promise. Qu'il n'y ait point
entre nous comme en certains peuples vne subti-
lité impie d'infidelité, ni la perfidie d'vn esprit
frauduleux, ni le crime de parjure, ni de meschans desseins de coniuration. Que personne
n'enuahisse le Royaume par presomption; Que
personne n'esmeuue sedition entre ses conci-
toyens; Que personne ne minute la mort des
Rois, &c. Que si cét aduertissement ne corri-
ge point nos esprits, & ne les oblige point à pro-
curer nostre commune conseruation; Voici la
sentence que nous prononçons. Qui que ce soit
d'entre nous ou d'entre les peuples d'Espagne qui aura violé par quelque ligue, ou coniuration le serment de la foy qu'il a promise
pour l'estat du pays, & de la nation des
Goths ou pour la conseruation de la vie du
Roy, ou qui aura mis à mort le Roy, ou
l'aura despoüillé de son Royaume, ou aura vsurpé*

la dignité Royale par prefomption tyrannique;
Qu'il foit anatheme deuant Dieu le Pere, &
fes Anges, & feparé de la communion de l'E-
glife Catholique qu'il aura profanée par vn
faux ferment, & de toutes les affemblées Chre-
ftiennes, & n'ait point de part auec les iuftes,
mais foit condamné aux fupplices eternels auec
le Diable, & fes Anges, & qu'il en foit de
mefme de tous les complices. Cét Anatheme
fut repeté par trois fois à haute voix, tant
en prefence du peuple que de tous ceux du
Clergé, qui répondirent tous d'vne voix:
Que tous ceux qui prefumeront de rien attenter
contre cefte definitiõ de voftre Affemblée, qu'ils
foient anathemes Maranatha, & qu'eux, &
leurs complices aillent en perdition à la venuë du
Seigneur, & qu'ils ayent part auec Iudas Ifca-
riot, Amen. Et ce Canon Epifcopal eut
tel efficace, & retint fi bien en fon deuoir
le peuple des Goths, qu'il ne fe trouue
point que depuis ils ayent tué, ni mefme
depofé aucun des fucceffeurs de ces Rois,
horfmis Vitiza, vn monftre d'homme tout
confit en vices.

Ayant prouué iufqu'icy que les Rois
font abfolus, & ne dependent de nul autre
que de Dieu feul; l'adjoufteray feulement
que quand mefme il feroit permis de fe

fouſleuer contre vn Roy, pource qu'il eſt
meſchant, & abuſe de ſa puiſſance; Si eſt-
ce qu'il ne ſeroit pas expedient, & que le
peuple feroit mieux de s'abſtenir de tels
remedes, qui pour la pluſpart ſont pires
que la maladie, & plus propres à irriter
qu'à guerir la playe. Il faut ſupporter les
maux qui ne ſe peuuent corriger ſans
grand preiudice. C'eſt pourquoy Ieſus-
Chriſt defend d'arracher l'yuraye de ſon
champ, depeur qu'en arrachant l'yuraye,
on n'arrache le bled quand & quand,
Matth. 13. 29. Et Dauid eſpargna Ioab,
coupable de trahiſon, & de meurtre, parce qu'il ne ſe croyoit pas aſſez fort pour le
punir ſans beaucoup hazarder, & qu'vn
homme ſage ne doit pas entreprendre ce
dont il ne peut venir à bout. Il vaut mieux
que le crime d'vn ſeul homme demeure
impuny, que d'expoſer nombre d'inno-
cens à vne certaine ruine. Comme font
ceux qui entreprennent quelque choſe
contre les Rois. Car il ne faut pas ſe pro-
mettre qu'ils comparoiſſent en iugement,
ou ſe laiſſent mener par vn ſergent, & vn
ou deux records comme ceux du peuple.
Il faut leuer de grandes armées, & tenter
le hazard de pluſieurs batailles, auant

que les pouuoir ranger. D'où s'enfuiuent
de grandes défaites, & defolations de
Prouinces.   Ce que les horribles confu-
fions où voftre Ifle fe void reduite, ne
rendent que trop connu. Il eft donc beaucoup meilleur de remettre tout au iugement de Dieu, & cependant auoir recours
aux larmes & aux prieres, qui font les
armes des vrais Chreftiens, que de fe feruir de remedes par trop violens, & que
l'eftat de la maladie ne peut fouffrir.

Maintenant fi ie venois de la thefe à
l'hypothefe, i'aurois beaucoup de chofe à
dire pour la defenfe de voftre Prince, qui
a mené deuant la guerre vne vie tout à
fait fans reproche.   Et mefme depuis la
guerre allumée s'eft gouuerné auec beaucoup de moderation ; Et eft mort de la
mort des iuftes, priant pour ceux qui le
perfecutoient à l'exemple de Iefus-Chrift,
& de Saint Eftienne ; Et a laiffé vn œuure
pofthume qui ne fent que la vraye pieté,
& que ie n'ay pû lire fans larmes.   Mais
i'aime mieux me retenir pour ne faire de
l'entendu és affaires d'vn Royaume
eftranger.   C'eft dequoy s'acquitteront
mieux ceux qui connoiffent mieux voftre
eftat. l'apprend mefme que le grand

G iiij

Monſieur de Saumaiſe a deſia trauaillé
là-deſſus, & que ſon Liure ſe vend à Paris. Ie ſonneray donc la retraitte, apres
auoir taſché à purger les Presbyteriens
de voſtre païs d'vn crime que vous leur
imputez.

Ce ſont ici, dites-vous, *leurs maximes,
qu'ils ont n'agueres ratifiées par le ſang de noſtre Prince, Que ſi les Rois n'obeïſſent on les
peut chaſſer de leurs Thrônes, les mettre en pri-
ſon, les citer en iugement, enfin leur faire leur
procez, & les punir par la main d'vn bourreau.*
Et par là vous les rendez coupables du
parricide commis en la perſonne de voſtre Roy. Mais ſans doute, que ces paroles vous ſont eſchappées ſans y penſer, ou
que c'eſt la chaleur de la diſpute qui vous a
porté iuſqu'à cét excez. Car vous ne pou-
uez ignorer que la choſe n'aille tout autrement. Ce n'eſt pas que ie veüille entreprendre d'excuſer les Presbyteriens
en tout & par tout. Et peut eſtre qu'eux-
meſmes ne nieront pas qu'ils n'ayent
failly en certaines choſes. Car il en arriue
ainſi en toutes les guerres.

*Tout le monde à Troye a failly,
Tant l'aſſaillant que l'aſſailly.*

Mais on ne peut dire auec verité qu'ils

ayent eu deffein fur la vie du Roy : Veu
qu'ils ont fait au contraire tout leur poffi-
ble pour la conferuer. Mais qu'euffent-ils
fait contre vne armée de foldats d'vne autre faction, qui les ont quafi tous exclus &
chaffés du Parlement fous des pretextes
recherchés , auant qu'on ait entrepris de
faire le procés au Roy ? On apprend par
quels artifices tout cela s'eft menagé d'vn
liuret intitulé *l'Hiftoire de l'Independance,*
fait par vn homme qui paroift fort attaché
au parti Royal. Là fe void vn catalogue
de pres de cent cinquante deputés de l'ordre Presbyterien dont les vns ont efté ef-
cartés par menaces, les autres bannis , les
autres mis en prifon, les autres renuoyés
chés eux de peur que leur prefence n'em-
pefchaft les deffeins des Independans. Et
que toutes les fois qu'on vouloit refoudre
quelque chofe contre le Roy on efpioit le
temps de l'abfence des Presbyteriens,
qu'on fçauoit s'eftre toufiours monftrés
plus enclins à la douceur. D'où vient qu'il
ne fe trouue pas vn feul Presbyterien dans
la lifte de ceux qui ont fait le procés au
Roy. C'eft ce qu'aduouä en ces mots I.
V. A. R. autheur de la refponfe à la de-
clamation de Iean Cooke , qui eft tout à

fait du parti Royal, & sçait tres bien ce qui s'est passé. *Sans parler des Presbyteriens, dont il n'y a eu que bien peu, si mesme il y en a eu quelcun qui ait trempé en la mort du Roy, Tous les autres sont-ce pas Anabaptistes, Independans & Sectaires?* Et le propre mois que le Roy fut condamné, plusieurs des Presbyteriens ayans sçeu qu'on y trauailloit, publierent haut & clair, les vns par predications, les autres par lettres, les autres par sollicitations verballes, les autres par requestes presentées au Parlement ou à Fairfax ou aux autres chefs, combien ils auoient ceste action en horreur.

Et parmi ce nombre Monsieur Pryn, personnage considerable pour plusieurs raisons, & l'vn des Deputés du Parlement, qu'on auoit mis en prison pour sa liberté, dans ceste mesme prison fit vn liuret qui fut presenté au Parlement le premier Ianuier, où il prouuoit par dix raisons toutes tres fortes & tres concluantes, qu'il estoit tout à fait illicite de rien attenter contre le Roy. I. Parce que selon les loix du Royaume, c'est vn crime de leze-Majesté au premier degré de penser seulement ou deliberer de la deposition ou meurtre du Roy ou de son fils aisné.

II. Parce qu'auant qu'eſtre admis dans le Parlement, ils auoient tous iuré de reconnoiſtre le Roy Charles pour legitime Roy d'Angleterre, & qui ne pouuoit eſtre depoſé. III. Parce que pendant la ſubſiſtance du Parlement ils auoient cent fois iuré qu'ils luy ſeroient fideles iuſqu'à expoſer leurs biens & leurs vies pour la defenſe de ſa Majeſté. IV. Parce que lors que les Royaliſtes reprochoient au Parlement qu'ils n'auoient leué leur armée que pour depoſer & tuer le Roy, ils auoient cent fois proteſté que c'eſtoit vne accuſation tres fauſſe & tres calomnieuſe, & que c'eſt ce qui ne leur eſtoit iamais venu ni ne viendroit en la penſée, & que tant s'en faut ils s'eſtoient armés pour defendre la perſonne du Roy. V. Que par l'alliance faite entre le Parlemēt & les trois Royaumes, ils s'eſtoient tous obligés par ſerment ſolemnel à conſeruer & defendre la perſonne du Roy aux deſpens de leurs biens & de leurs vies. VI. Qu'encore que pluſieurs des Rois de Iuda & d'Iſraël euſſent eſté tres meſchans, ſi eſt-ce qu'il n'y a point d'exemple d'aucun Roy qui ait eſté condamné ou depoſé, & beaucoup moins mis à mort par le iugement ſoit du con-

seil ou du peuple : Et qu'il n'en prist pas
bien à ceux d'Israël de s'estre reuoltés contre Roboam, & que l'vn & l'autre Testa-
ment recommande l'obeïssancé & la fidelité aux Rois. VII. Qu'vn Parlement accablé sous la violence d'vn armée mutine,
qui tient en prison vne partie considerable des deputés, & exclud les autres, &
escarte par menaces les plus gens de bien
n'est pas vn vray Parlement, mais vn Con-
ciliabule, qui ne se peut arroger le droit
de deliberer de choses si grandes. VIII.
Que cela attirera vn blasme eternel sur
nostre religion qui ne s'estoit point encore
souillée ni par le meurtre ni par la deposition d'aucun Prince, & beaucoup moins
d'vn Roy Protestant tel qu'estoit cestuy-
cy, & d'vne vie honneste & moderée, &
qui n'auoit rien de tyrannique. I X. Que
l'Escosse & l'Irlande n'ont pas moins de
droit sur le Roy que l'Angleterre, & que
les Escossois ne l'auoient liuré qu'à condition qu'on n'attenteroit rien sur sa personne, selon ce que porte l'alliance, X. Bref,
qu'en l'histoire du Royaume il ne se trouue point d'exemple d'aucun fait semblable. Il y a beaucoup d'autres choses dans
ce liuret, dont les paroles sont comme

Eccl. 12. 13.

aiguillons & cloux fichés bien auant.

Le 5. Ianuier vn autre Presbyterien nommé Iean Gauden Docteur en Theologie, presenta à Fairfax vn liuret de mesme sujet, auquel il oppose les loix de Dieu & du Royaume, & les exemples de Dauid, & de Iesus-Christ, & des Apostres, à vn conseil si precipité, & represente que quãd le Roy auroit failli en quelque chose, sa faute seroit bien expiée par les lõgueurs ennuyeuses de son emprisonnement.

Et afin qu'on ne se persuade que ce n'ayent esté que des iugemens particuliers, le 17. Ianuier fut presentée au mesme Fairfax vne requeste souscrite par les XLVII. Ministres de l'ordre Presbyterien qui lors se trouuerent à Londres: en laquelle ils font de grandes plaintes de ce que l'armée vse de force tant contre le Roy que contre le Parlement, contre la Parole de Dieu & leurs sermens tant de fois reïterés. Et ayans proposé les iugemens de Dieu contre les parjures, & le consentement vnanime de tous les Theologiens Protestans à refuter & detester tous ceux qui se soufleuent sous quelque pretexte que ce soit contre les Magistrats legitimes, & entreprenent sur la vie des

Rois : Ils adiouſtent qu'ils ne ſe doiuent
point eſleuer desſuccés paſſés, ni iuger de
la bonté de la cauſe par l'euenement, ni
ſe vanter d'eſtre pouſſés par le Sainɕt Eſprit, quand ils font des choſes que ſa loy
nous defend. Et concluent qu'ils ont pui-
ſé ceſte doɕtrine de la Parole de Dieu, &
qu'ils l'enſeigneront conſtamment, ſans
qu'il y ait aucune menace capable de les en
empeſcher.

Cependant les Ambaſſadeurs des Païs-
Bas faiſoient tous efforts poſſibles pour
s'oppoſer à cet attentat. Les Eſcoſſois in-
tercedoient de meſme par leurs Deputés,
qui repreſentoient ſans ceſſe leurs pa-
ɕtions, & qu'ils n'auoient liuré le Roy au
Parlement *qu'à conɗition qu'on n'entrepren-*
droit rien contre ſa perſonne, & qu'on auroit
ſoin de conſeruer ſa vie & ſa dignité, & qu'on
luy aßigneroit pour ſa demeure quelcune de ſes
maiſons Royales, où les deux nations auroient
libre accés, pour le pouuoir induire par raiſons
à accepter les propoſitions faites par les deux
Royaumes. Mais n'y ayant aucun moyen
d'empeſcher ce mal·heureux deſſein,
les Deputés firent ſagement de ſe retirer,
de peur qu'ils ne ſemblaſſent y adherer
ou conniuer par leur preſence. Et meſme

àpres le parricide commis, les Presbyteriens d'Escosse s'esloignerent des taber-
nacles de ces meurtriers, & trauaillerent
tant par lettres que par deputés à attirer en
Escosse le Roy fils & successeur du mort,
luy promettans toute sorte d'obeïssance &
fidelité.   C'est ce que portent les lettres
du Parlement d'Escosse escrites au Roy
dés le 7. Aoust l'an 1649. *Nous ne pouuons dissimuler à V. M. que nous nous eston-
nons & non sans sujet, de ce que vous aués dif-
feré iusqu'à present à nous declarer vostre intention. Tandis que les ennemis & meurtriers
du feu Roy vostre pere nostre legitime Seigneur
sont si habiles & industrieux , & qu'il n'y a
rien qu'ils ne facent dehors & dedans, soit pour
gagner credit , ou pour vous decrediter enuers
le peuple.* Et celles-cy du Synode Natio-
nal d'Edinbourg datées du iour precedent,
où tous les Pasteurs Presbyteriens du
Royaume parlent ainsi : *Comme nous abo-
minons & detestons de tout nostre cœur cet horrible attentat des Sectaires contre la vie du feu
Roy vostre Pere nostre Souuerain Seigneur,
aussi desirons nous sincerement & serieusement
que l'ancien gouuernement Monarchique de ce
Royaume soit restabli, & fleurisse en la personne de V. M. tous les iours de nostre vie, & se*

continuë en voſtre famille Royale, qui par la grace de Dieu a regné ſans interruption ſur nous & ſur nos anceſtres vne ſi longue ſuite de generations, depuis que noſtre Eſtat eſt erigé en Royaume. Et n'y a que trois ou quatre iours que nous euſmes l'honneur de voir icy voſtre Roy paſſant pour aller à Breda traitter de ſon couronnement auec les Deputés d'Eſcoſſe. Et nous eſperons que la choſe reuſſira, * Dieu aidant, parce qu'il y va de l'intereſt tant du Roy que d'eux qu'elle reüſſiſſe, & que toutes les raiſons tant du ciel que de la terre obligent à faire en ſorte que ce pourparler ne ſoit point inutile, & ne ſe termine point ſans effeſt.

Quant à nous dés les premieres nouuelles qui nous vindrent de ce cruel attentat, nous fuſmes frapés d'horreur & d'eſtonnement. Et puis nous nous abandonnaſmes tout à fait aux larmes & à l'affliſtion, & ſolemniſaſmes les funerailles de voſtre Roy par vn deüil vniuerſel. Ne pouuans penſer ſans grande eſmotion qu'vn Roy ſi puiſſant, & ſi plein de pieté & d'affeſtion enuers les noſtres fuſt mort en la fleur de ſon aage d'vne façon ſi indigne. Et qu'apres auoir oſtroyé à ſes ſujets quaſi tout ce qu'ils auoyent demandé, il euſt

ſouffert

* La choſe a reüſsi depuis, comme l'au theur ſe pro-mettoit lors.

souffert d'eux ce que les plus barbares ennemis n'eussent osé entreprendre. Nous craignons mesme que l'atrocité de ce crime commis par ceux que la plus part croyent estre de mesme religion que nous, n'attirast vn blasme sur nos Eglises que le temps n'effaceroit jamais, & que les vices des personnes ne l'imputassent à la doctrine. Et pour obuier à ce mal, les plus celebres Pasteurs du Royaume detesterent ce crime d'vne mesme voix, comme directement opposé aux regles de la Parole de Dieu : Et aduertirent soigneusement leurs troupeaux qu'ils eussent à se garder de ce leuain, & de tirer en exemple vn crime commis par ceux qu'vn de nos Synodes Nationaux a condamné par article expres. Mesmes il y en eut qui publierent leurs sentimens par escrit. Comme Messieurs Vincent & Heraut tous deux Pasteurs excellens, l'vn à la Rochelle, l'autre à Alençon. Et vn autre de grande reputation tant en Angleterre qu'en France, qui parle ainsi en la Preface de la requeste des XLVII. Pasteurs de Londres traduite en François : *C'est le crime le plus criant qui ait esté commis depuis la mort du Prince de Gloire, & qui esbranle toute la terre,*

H

& qui fera porter le deüil à tous les gens de bien iufques à la fin du monde. Et pour vous dire que ce deüil a efté fenfible à toutes fortes de conditions, Meſſieurs de Petiuille & de Brieux, tous deux de ceſte ville, tous deux Conſeillers de Cours Souueraines, l'vn auiourd'huy à Roüen, & l'autre cy-deuant à Mets, & tous deux Poëtes tres elegans, ont pleuré la mort de voſtre Prince en beaux vers Latins, & deteſté la barbarie de ceux qui en ſont les autheurs. Et Monſieur Porrée celebre Medecin à Roüen, s'eſt dignement acquité du meſme deuoir en ſa Preface ſur la traduction du liure du Roy.

Meſme long temps deuant la choſe arriuée feu Monſieur Diodati Miniſtre de Geneue, cognu par tout pour ſa ſinguliere doctrine & pieté, auoit exhorté par de longues lettres le Parlement d'Angleterre à teſmoigner plus de deference & de ſouſmiſſion aux volontés de S. M. Et Monſieur Blondel, perſonnage rare & autant à eſtimer pour ſon admirable candeur que pour ſa lecture preſque infinie, parle ainſi aux Paſteurs d'Eſcoſſe en la Preface de ſon Apologie pour Sainct Hieroſme publiée en 1646. *Par voſtre modeſtie Chreſtienne, &*

par vos conseils pacifiques, & par les exemples perpetuels de vostre fidele deference à la Majesté Royale, refutez les paroles rudes, &c. Item: Que le monde conuaincu par continuelles experiences confesse qu'il n'est ni ne fut iamais veritable ni necessaire que ceux qui ont de la peine à souffrir les Euesques en ont encore plus à souffrir les Rois, & que ceux qui n'en reçoiuent point du tout ne plient qu'à contre-cœur sous l'authorité Royale. Veu qu'il n'y en a point qui ayent creu & croyent & enseignent plus constamment par paroles & par actions que leur Roy est le premier apres Dieu, & n'est inferieur à aucun homme, & n'a pour superieur que Dieu, & par là mesme est esleué par dessus tous ceux du Royaume, que ceux qui ne recognoissent point les Euesques pour Prelats & quasi Rois de leurs Dioceses. Bref, Monsieur Heraut, lequel nous n'auions accordé qu'à peine aux instantes prieres de ceux de Londres ayant tasché à reprimer les paroles seditieuses de quelques vns d'entre-eux, & à les ramener à leur deuoir par douces exhortations, fut contraint de reuenir en France, sur ce qu'il vit que sa liberté le mettoit en hazard de sa vie.

Ces exemples prouuent clairement que nous sommes bien esloignés d'auoir eu les

ſentimens que vous nous attribués. Si donc
vous continués à nous charger d iniuſtes
ſoupçons , & à vous retrancher ſous ce
pretexte de la communion de nos Egliſes,
ce ſera vne procedure bien peu accordan-
te auec la charité Chreſtienne , veu que
nous ne vous auons donné nul ſujet de
prendre tels ombrages de nous. Quoy
qu'il en ſoit, nous prions Dieu qu'il reme-
die à vos deſordres , & eſpande de plus
en plus ſes graces ſur voſtre Roy : Lequel
paſſant & repaſſant par icy nous a donné
vne audience fauorable , & rendu des
preuues d'vn eſprit hors du commun par
ſes graues & iudicieuſes reſponſes. Et ſon
port meſme , & ſa Majeſté , font croire à
tous ceux qui le voyent , qu'il eſt né pour
commander. Nous eſperons donc que
Dieu luy fera la grace de ſortir bien-toſt
des difficultez où il ſe trouue , & le benira
tellement , qu'il paſſera tous ſes anceſtres
en gloire , grandeur , & proſperité. Car
que n'attendrions nous d'vn Prince qui ne
reſpire que choſes grandes , & dont la vertu deuance les années , & dont le premier
& principal ſoin eſt celuy de la Religion,
& de faire que Dieu ſoit ſeruy comme il le
preſcrit en ſa Parole ?

Ce n'est pas pour tousiours que les espais nuages Horace Od.
Fondent sur nos champs en orages. 9. liu.2.

Le iuste a des maux en grand nombre : mais Pf.34.20.
le Seigneur le deliure de tous. Desia les Ef-
cossois le recherchent. Et en Irlande la
vertu de Monsieur le Marquis d'Ormond
en retient plusieurs en leur deuoir. Et j'ap-
prens qu'en Angleterre mesme il y en a
plusieurs qui se reconnoissent, & reuien-
nent à leur bon sens. Et Dieu peut fleschir
quand il luy plaira les autheurs mesmes de
la Tragedie, & les induire à prendre de
meilleurs conseils. C'est ce que desirent
auec passion tous les gens de bien, & moy
particulierement, qui suis,

MONSIEVR,

De Caën, ce 2. iour de
    Mars, l'an 1650.

Vostre tres-humble, & tres-affectionné
seruiteur, BOCHART.

Errata.

PAg. 10. lig. 8. lifez donné , & donne en-
cores. P. 14. l. 19. lifez interieur. Pag. 26.
l. 4. lifez Elohim. Pag. 54. l. 11. lifez donnée.
P. 63. l. 23. ce foyent. & l. 25. ny Achab la vigne.
P. 72. l. 13. defcouuerte. P. 80. l. 19. Iifrehel
& l. 21. fa pofterité. P. 81. l. 5. & 6. auec So Roy
d'Egypte. P. 91. l. 9. craint. P. 92. l. 3. chant.
P. 94. l. antep. confultoit. P. 96. l. 19. peuples qui
eftoient lors des plus rudes. P. 77. en la marge
effacez Mich. 1. 13. P. 93. המשחית.

Cette piece ayant efté traduite du Latin quaſi
mot à mot, le Lecteur eſt prié de ſupporter de
la contrainte du ſtile.